El presidente Danilo Medina y Luis Estrella

Luis Estrella

El danilismo afectivo

argos

PRIMERA EDICIÓN
ARGOS, DICIEMBRE 2018

Luis Estrella
El danilismo afectivo

ISBN: 978-1794104297

Editorial Argos
Santo Domingo, República Dominicana
Teléfono: (809) 482 4700
email: libros@mail.com

Edición al cuidado del autor

Impreso por Serigraf, S.A.

Queda hecho el depósito que previene la ley sobre derecho de autor. Los libros publicados por Editorial argos están impresos en la República Dominicana en papel libre de ácidos, y su proceso de impresión cumple con las exigencias requeridas por las asociaciones de bibliotecas norteamericanas y europeas para garantizar su permanencia y durabilidad.

Edición de 2,000 ejemplares

Prólogo

El "Danilismo afectivo" es un abrevadero en el que deben beber las nuevas generaciones que pretendan hacer política con dignidad y decoro, sin lucrarse del arribismo y sin creerse semidioses cuando ostenten cargos públicos.

El concepto que nos ofrece Luis Estrella en esta bien llevada obra, no es filosófico ni político, sino un sentimiento que brota limpio y puro del corazón de un hombre sencillo, trabajador, honesto y mejor amigo, que ejerce la política como medio idóneo para coadyuvar al mejoramiento de la vida de los desposeídos, y no para sacar provecho personal.

El cariño de Estrella hacia el presidente Danilo Medina no es fortuito ni oportunista; se trata de la convicción que tiene el autor de esta obra de un hombre cuya lealtad, honestidad y entrega por un país mejor son inquebrantables.

El afecto, que es imprescindible en las relaciones humanas, ayuda a mantener el alma limpia, la fidelidad latente y el aprecio a las bondades de los seres humanos que no cambian ante las tentaciones vanas de la vida.

Los artículos que versan en este libro refulgente del "danilismo efectivo", bien podrían ser un faro de luz que conduzca a puerto seguro a los que navegan en los mares tempestuosos de la envidia, de la insinceridad y del allante.

El autor no encierra entre los barrotes del miedo los conceptos que libera en estas páginas acerca de los que viven de la política, a muchos de los cuales reconoce sus virtudes y, a otros, les enseña que ésta es una ciencia para el bien, y como tal, debe ir en provecho de los necesitados, con afecto y desinterés.

Luis Estrella no se inhibe, no se asusta, no dispendia tiempo en las chácharas de sus adversarios, quienes graciosamente tratan de desmeritar el éxito ajeno, sino que, como hombre de dilatada y exitosa carrera política, se yergue cada día, con buen ánimo y con la esperanza de que más gente sonría y que se alivianen los quebrantos de los que merecen una mano amiga. El altruismo es bandera que flota en la cúspide de su hombría de bien.

Sin narcisismo ni cegado por el ego, Luis nos regala un compendio de variados temas cronológicos que de seguro se convertirá en consulta de cabecera para espantar el sueño de la ignorancia y despertar cada mañana con una reparadora lección aprendida.

José Jáquez

*A Danilo Medina, al ser humano,
al líder, que siempre será
un ejemplo a emular.*

*Para todos los danilistas afectivos
revestidos de sensibilidad social,
vocación de servicio, valores éticos y
amor por su país.*

*A aquellos funcionarios
que aún probando las mieles
del poder, continúan siendo
personas humildes y auténticos
servidores públicos.*

*A quien considero la más viva
expresión del danilismo afectivo:
Mirian Cabral*

Introducción

La obra titulada "Danilismo afectivo" está compuesta por artículos escritos en el 2018, desde marzo hasta octubre. Se trata de temas amplios y variados, que hacen hincapié en lo que hemos denominado "danilismo afectivo", y en los cuales interpretamos el reflejo de la esencia del tipo de vinculación que todos sostenemos con el presidente Danilo Medina.

Todo ser humano desarrolla en su historia múltiples relaciones, unas circunstanciales, algunas con cierto grado de afectividad y, otras, que son incondicionales. Esta situación, en la que mayor se manifiesta, es en la vida política, por el alto nivel de intereses que dominan esta actividad, la que va produciendo un constante cambio de posiciones, dependiendo de la coyuntura que predomine en el momento.

Esa cultura la viven los políticos que duran muchos años ejerciéndola, pasando por diferentes etapas, posiciones partidarias y gubernamentales, y que, inevitablemente, son víctimas de calumnias, descalificaciones y ataques demoledores, y, sobretodo, tienen que vivir, hasta acostumbrarse, a los desengaños, decepciones y traiciones de personas que gozaban de aprecio y afecto sincero.

Sólo el que tiene esa experiencia acumulada, ejerciendo la actividad política, comprende lo que significa la lucha de intereses en este mundo, los golpes bajos, la hipocresía, las manipulaciones y falsedades. Quien lo observa desde fuera, jamás podrá entender el infierno que ahí se vive, aunque refleje todo lo contrario: Gratitud, amistad, consideración y afectos sinceros.

La vida política es muy complicada; muchos la ejercen, simplemente, como una profesión, actuando como lo hacen en la actividad privada, manejando las instituciones que dirigen como si fuera una empresa en particular, en cambio, hay otros que tienen otra visión, asumiendo la política como pasión, con vocación de servicio y disposición de ayudar siempre a los demás.

En verdad han sido tantos los que han utilizado la política para favorecerse, beneficiarse en términos particulares, actuando sin ninguna sensibilidad social, que se ha creado la percepción, de que todos son iguales. En todas partes oímos esos pronunciamientos, denigrantes, ofensivos hacia los políticos, sin hacer distinción entre los que tienen esa inclinación y aquellos que son honestos, honrados, que practican la ética y actúan guiados por valores familiares.

Cuando tomamos la decisión de publicar esta obra con ese nombre, lo hicimos motivado por esa percepción que existe en la población sobre los políticos, de que todos son corruptos y ladrones. Con esta iniciativa, quiero contribuir un poco a variar ese criterio, dejando constancia de que no todo está perdido, que, así como los hay malos, también los hay buenos y serios, por lo que no es justo meter a todos en el mismo saco.

Danilo Medina tiene muchos años en política, en los que ha acumulado la experiencia necesaria para que nadie le enseñe nada sobre ese tema, por eso habla poco, aunque pueden estar seguros que observa mucho. Danilo conoce todos los dirigentes del país, por su nombre y hasta por el apodo, su nivel político, capacidad de trabajo, y sabe cuáles son sus fortalezas y también sus debilidades.

El Presidente mueve sus fichas cuando lo entiende necesario, sin presión, ni por chantaje, sino cuando lo considera oportuno y apropiado. Como todos los mandatarios, tienen su equipo de consulta y asesoría, sin permitir la creación del famoso anillo palaciego, que siempre ha sido una tradición en nuestros gobiernos, trabajando para distanciar a los mandatarios de la población, evitando se conecten con la realidad y se mantenga en una burbuja de poder.

Las visitas sorpresas de nuestro Presidente han sido el mejor instrumento para alejarse de esa burbuja de poder, no permitir la creación del anillo y mantenerse en contacto permanente con su pueblo. Danilo Medina es un ser humano con sensibilidad, por eso mantiene esos niveles de aceptación y popularidad en la población, razón por la que podemos asegurar, sencillamente, que el poder no lo ha obnubilado.

El compañero Danilo Medina conoce a todos en el Partido de la Liberación Dominicana, así como a los funcionarios del gobierno. Él sabe muy bien quién es su seguidor de manera afectiva y quién lo es por circunstancia, quién está a su lado por fidelidad y quién por oportunidad.

Por eso, al escribir estos artículos, que luego sirvieron para recopilar este libro «Danilismo afectivo», simplemente lo hice para dejar un legado para la historia, ya que el Presidente es el más indicado para saber quién es afectivo y quién no. Entiendo que es importante que la población comprenda que, aún como decía Maquiavelo: «Que el fin justifica los medios», no todos siguen ese postulado, y que en política también hay honorables y personas con vocación de servicio.

Es importante que se haga conciencia de que no todos sucumben ante el poder y la ambición, que se puede pasar por el gobierno manteniendo una moral incólume, actuando con dignidad y decoro. Miles lo han hecho y miles lo harán en el futuro. Cuando termine mi función en la administración pública, seguro que estaré en el listado de los que ejercieron una función pública y se despidieron con el deber cumplido y la frente en alto.

Como danilista afectivo, terminaré mi ejercicio gubernamental al lado del Presidente, por entenderlo como de principio. lo cual no implica que, quien sea el candidato del PLD en el 2020, no cuente con mi participación entusiasta y militante; y porque la mejor forma de garantizar el triunfo en el próximo proceso electoral es apoyando al gobierno y sus ejecutorias, ya que un partido unido y un gobierno fuerte, son invencibles.

Los danilistas afectivos esperaremos hasta marzo del 2019.

Esa es mi palabra y mi compromiso.

"Danilismo afectivo"

¿Qué es el danilismo afectivo? Es, desde mi punto de vista, el tipo de vinculación que, a través de los años, una persona ha mantenido con Danilo Medina en todas las etapas de su vida, tomando como parámetro para esa relación el momento en que se inició. Ese período ha servido para definir si esa relación se sustenta en una base afectiva o simplemente tiene una orientación política o coyuntural.

Maquiavelo, el genio de la estrategia basada en la conveniencia, decía que "el fin justifica los medios", argumento usado por todos los políticos del mundo para asumir, en determinados momentos, posiciones que, aun en contra de la ética, los principios y los valores familiares, infieren que las circunstancias no les dejaron otras alternativas para lograr sus objetivos finales.

Quien ha estado militando por muchos años en el mundo político, de inmediato comprenderá de lo que hablamos; que una cosa son las intenciones, los buenos deseos y, otra cosa, muy diferente, es la realidad de los hechos.

La vida política se caracteriza por poner en primer plano los intereses particulares, para lo cual no se escatima esfuerzo en usar intrigas, chismes, golpes bajos, calumnias, demagogia, fingir lealtades para asestar un golpe mortal por la espalda; en resumen, una vida basada en intereses, que constantemente generan desconfianza y resentimientos entre las partes.

Mi experiencia de 44 años en la actividad política, me ha proporcionado alguna sabiduría para entender este difícil y complicado mundo, que, en definitiva, es la guía para sostener el sistema, sea socialista, capitalista, feudal o imperialista.

De una manera u otra, todos somos políticos, unos militamos en partidos y, otros, en la sociedad civil o los poderes fácticos, que tienen tanto poder, que desde esos órganos se determina el rumbo que un país puede tomar en una situación determinada.

Cuando una persona comienza a participar de una manera militante en la actividad política, generalmente lo hace con muchas ilusiones, ideas, planes, proyectos, intenciones sanas, con un elevado nivel de confianza hacia todos, lo que, al poco tiempo, comienza a chocar con la realidad. La vida misma se va encargando de mostrarle el lado oscuro y tenebroso de ese mundo, que desde afuera observaba como un paraíso, en el que aportaría sus experiencias e ideas para lograr una nación mejor.

En la medida que la práctica va mostrando la realidad, entonces vienen las frustraciones, decepciones, depresiones, desengaños, que producen resentimientos y sentimientos negativos. La persona que llega con las mejores intenciones, se vuelve desconfiada y comienza a actuar como las demás, para poder sobrevivir a las constantes embestidas y ataques que, desde distintos litorales, va recibiendo. Por estar razones empezamos a tener un ser humano diferente, con un corazón endurecido y preparado para responder con las mismas armas con que es atacado.

Podríamos decir, que, en ese proceso de aprendizaje, el cual puede variar por las circunstancias y el perfil de la persona involucrada, es en el que se pierde la virginidad política. Desde ese momento comienza la persona a ver la política como una profesión y no como una pasión, cuyo objetivo debe ser el de trabajar para ayudar a los más necesitados, los más vulnerables, a la gran mayoría de la población, compuesta por los pobres.

Por estas circunstancias es que, en gran medida, ha desaparecido la vocación de servicio, lo que podemos notar a diario en muchos funcionarios que, al llegar a una posición de poder, dejan de ser humildes, sencillos y accesibles, para convertirse en seres encumbrados que se creen por encima de los mortales.

En realidad, no es el poder que los pone a actuar de esa manera, sino que esos sentimientos de grandeza, altanería y petulancia salen a flote desde que alcanzan a tener un enclave de poder que le permite poner en evidencia su verdadera naturaleza.

Con esto no quiero decir que esos funcionarios no sean buenos técnicos, excelentes administradores y gerentes de primera, que logran hacer avanzar las entidades que dirigen. El asunto estriba en que confunden las instituciones del Estado con empresas privadas, a las que logran llevar a niveles altos de rentabilidad. Al creerse que en vez de funcionarios públicos son dueños de empresas privadas, afectan, maltratan y humillan a los responsables de que ellos mismos estén en esas posiciones.

Soy de opinión de que un funcionario, además de ser un buen gerente, debe tener algún nivel de SENSIBILIDAD y vocación de servicio, porque, en definitiva, sin importar sus niveles de riqueza, son servidores públicos, que deben estar, aunque sea mínimamente, al alcance de los actores del sistema que representan un canal con la población.

Establezco este criterio porque entiendo que sería una utopía pretender que el pueblo mismo pueda acceder a ellos, sin embargo, por lo menos deben hacerlo los funcionarios medios, que canalizan las esperanzas de las masas distantes.

Esto no quiere decir que todos los funcionarios tienen esa visión; hay muchos muy buenos, excelentes administradores y con mucha vocación de servicio. Esos funcionarios son los que han asimilado la enseñanza práctica de nuestro Presidente, emulando su ejemplo de bajar hacia el lugar donde están los humildes, para llevarles soluciones, esperanzas y fundirse con ellos en las visitas sorpresa, oyendo sus demandas y reclamos, para ejecutar la solución de sus necesidades.

Desde que entré al Partido de la Liberación Dominicana, hace 22 años, siempre he estado al lado del compañero Danilo Medina, en las buenas y en las malas, asumiendo mis responsabilidades, aun en situaciones muy difíciles. Me considero un "danilista afectivo", por la sencilla razón de que para mí es el mismo siendo Presidente, que, siendo simplemente Danilo Medina, sin cargos, ni posiciones; lo he seguido siempre, porque creo en sus intenciones, en su sensibilidad y amor por los pobres del país.

Pueden estar seguros de que, si no reconociera esas cualidades en nuestro Presidente, no lo admirara y, por consecuencia, tampoco sería su seguidor. Por eso he dicho que estaré a su lado hasta el último momento, esperando su señal final, que será en marzo del 2019, como él mismo ha establecido. Hasta ese momento no haré compromiso con nadie, ya que, si Danilo Medina decide optar por la reelección, lo apoyaré, y si, por el contrario, toma otro camino, entonces adoptaré la decisión que me dicten mis principios, ya que mi compromiso es solamente con él.

Así como me considero un "danilista afectivo", de la misma manera hay miles en esas condiciones, que siempre han estado a su lado, en todas las situaciones y desde mucho antes de yo conocerlo. El "danilismo afectivo" es una realidad, es un sentimiento, es una vinculación emocional, es un ejército de hombres y mujeres que siempre estarán a su lado, acompañándolo en cualquier circunstancia, porque, sencillamente, con su trayectoria de vida, nos ha ganado el corazón.

Tenemos que reconocer que, al margen de los afectos, hay realidades que son determinantes para sostener el equilibrio de un gobierno, piezas necesarias para poder mantener la gobernabilidad y la estabilidad partidaria. Eso es determinante y necesario que los danilistas afectivos comprendan, para así contribuir con el fortalecimiento de nuestro gobierno. El "danilismo afectivo" siempre cohabitará con el danilismo político y coyuntural, lo que es, y siempre será, la única garantía para avanzar y hacer más grande el DANILISMO.

La idea del "danilismo afectivo" me surgió en una conversación con el compañero y amigo, Nelson Sánchez, la cual me motivó a escribir una serie de artículos que, al terminarlos, me inspiraron a convertirlos en un libro, que entiendo, será la expresión de un sentimiento convertido ahora en un mensaje que circula por un laberinto tan complicado como es la vida política.

Quizás en esta introducción he puesto al desnudo lo que, en sentido general, está detrás de la vida política. Sin embargo, quiero aclarar que, aunque la generalidad se inclina en ver la política como el arte de la conveniencia, todavía existe una gran cantidad de personas que milita partidariamente y hace política activa, sin perder el decoro, sin abandonar el honor, enarbolando la bandera de la honestidad, con vocación de servicio, con pasión para actuar a favor de los más necesitados; accesible en nuestras instituciones y presta siempre a aportar a las mejores causas.

No todo está perdido; hay un amplio espacio para desarrollar el activismo político sin renunciar a los principios, sin dejar de expresar nuestros criterios, sin callar para ocultar las acciones que empañan nuestro gobierno y que promueven la corrupción. No importa en el lugar en que se encuentre, ya que, si hay voluntad y una actitud positiva, siempre encontraremos la forma de aportar a la sociedad, con amor, entusiasmo, dedicación y pasión, como lo hace nuestro Presidente.

El "danilismo afectivo" es sinónimo de dedicación, trabajo, desarrollo, esperanza, amor por los pobres y, sobre todo, es la expresión que simboliza algo tan importante, sublime y hermoso, como es LA FIDELIDAD.

Danilista afectivo (1 de 7)
13 de julio del 2018

Al momento de compartir con mi esposa Isabel y dos amigos, el intendente de Seguros, Nelson Sánchez; y el senador por Santiago Rodríguez, Antonio Cruz Torres; surgió una conversación acerca del presidente Danilo Medina. De manera espontánea manifesté que me consideraba un danilista afectivo, a lo que mi viejo y estimado amigo Nelson Sánchez contestó: "Luis, me gusta ese término".

Al llegar al apartamento donde resido, en el Distrito Nacional, me vuelve a la mente la conversación y el término danilismo afectivo, razón por lo cual de inmediato empiezo a conformar una teoría alrededor del mismo, que se podría convertir en un artículo o una serie de artículos. El "bombillito" se me prendió.

"Danilismo afectivo" lo vislumbro como el título de lo que podría ser mi próximo libro, el cual pienso publicar este mismo año 2018, lo que me motiva a tratar en esos escritos la separación de lo que es ser danilista afectivo y lo que es ser danilista circunstancial, coyuntural o simplemente danilista por simpatías políticas transitorias.

Es necesario comenzar contando un poco de historia en relación a los inicios de mi vinculación con Danilo Medina, lo que ocurrió a principios de 1996, en el momento que éste fungía como Director de Campaña del Dr. Leonel Fernández Reyna. En ese momento todavía mantenía su condición de diputado, ya que había renunciado a la Presidencia de la Cámara baja para pasar a dirigir la campaña de su amigo y compañero.

En el mes de enero del 1996, mi esposa Isabel Bonilla y un servidor, habíamos renunciado del Partido Revolucionario Dominicano -PRD- por serias e irreconciliables contradicciones con el presidente de ese partido en el municipio de Santiago, el Lic. Víctor Méndez. En ese momento Isabel era la presidente en Santiago de la Federación de Mujeres Social-demócratas -FEDO-MUSDE-, vice-presidente nacional, diputada y vice-presidente del Comité Municipal del PRD en la ciudad norteña.

Isabel además era miembro del Comité Ejecutivo Nacional -CEN- del PRD. En cambio, nosotros fungíamos como presidente de la región Norte y sub-director del Departamento de Organización en Santiago, y formábamos parte del Comité Ejecutivo Nacional -CEN-. La renuncia nuestra de inmediato generó un movimiento de mucho activismo a nivel de toda la opinión pública santiaguera, por la posición jerárquica que ocupábamos.

En realidad, lo que más llamaba la atención fue que esa renuncia se producía a menos de 4 meses de unas elecciones en las que se daba a José Francisco Peña Gómez como seguro e indiscutible ganador de la Presidencia. Todas las mediciones colocaban a Peña Gómez con al menos 15 puntos de ventaja sobre Leonel Fernández, por lo que nadie entendía el error que habíamos cometido al salir de un partido que se perfilaba desde ya en el poder.

En verdad que eso nunca nos preocupó, ya que hay situaciones en la vida en que no se puede transigir con los principios, independientemente de los beneficios materiales que puedan estar de por medio. Y en esas circunstancias nuestra permanencia en el PRD se hacía insoportable, por el nivel de las pugnas y contradicciones que teníamos con quienes en ese momento dirigían esa organización en Santiago, al punto que ni siquiera tomaban en cuanta las sugerencias de Peña Gómez para que se nos diera un trato diferente.

Las relaciones de Isabel con Peggy Cabral eran de hermanas y de nosotros dos con Peña Gómez excelentes. Pero en política, en situaciones determinadas, la soga tiende a romper por la parte más delgada. A pesar del cariño y los afectos en términos políticos electorales, no le era conveniente a Peña Gómez enfrentar a

Víctor Méndez en ese momento, por lo que no tuvo el valor de frenar esa actitud de persecución, exclusión y humillaciones de que éramos objeto.

Se dieron dos situaciones para llevarnos a Isabel y a mí a tomar esa decisión, absurda para todos, por estar renunciando de un partido que sería el futuro gobierno. La primera fue por una manifestación regional realizada por el PRD en la avenida Las Carreras, donde a Isabel, pese a su nivel de jerarquía, se le trató de impedir que subiera a la tarima, lo que quedó sin efecto, tras Peggy bajar al público y subir con Isabel tomadas de las manos.

Ese intento de humillación acrecentó las diferencias a lo interno del PRD, al punto que Peña Gómez nos envió a buscar a su casa de San Cristóbal, donde le propone a Isabel que sea su vocera para las mujeres en la campaña, y que se pusiera en contacto con Hatuey De Camps, en ese momento Director de Comunicaciones de la campaña electoral perredeísta. Peña le entregó una carta a Isabel, en la que le informaba al Comité Municipal de Santiago, que ésta asumirá esas funciones y su reintegración a la Comisión Política de Santiago, en su condición de vice presidenta municipal.

Víctor Méndez convocó a la Comisión Política para conocer la carta de Peña Gómez, e Isabel es invitada a ese organismo, del que había sido excluida de manera arbitraria. Cuando Víctor Méndez comenzó a leer la comunicación, se produjo una "confusión", deliberadamente y una parte de los presentes abandona la reunión, lo que provocó reacciones y discusiones acaloradas, dentro y fuera del local, entre los seguidores de Isabel y los de Víctor Méndez.

Esa situación estuvo muy cerca de provocar fatales consecuencias, razón por la que nosotros y los compañeros aliados decidimos retirarnos. Se les dio el plan orquestado para evitar que se conociera la carta de Peña Gómez. Fue una noche muy triste y deprimente, en la que quedó evidenciado el nivel de adversidad, por el sólo motivo de tener diferencias en la forma dictatorial de cómo se quería manejar el PRD en Santiago.

Al día siguiente salimos a caminar, como era nuestra costumbre, en el campus de la PUCAMAIMA, ya que vivíamos muy cerca y era un lugar seguro para ejercitarse. En ese recorrido fue que tomamos la decisión de renunciar del PRD, al comprender que nuestro espacio no tenía razón de ser en ese partido, que era una entidad con un dueño en Santiago y que, de continuar en el mismo, podría convertirse en algo peligroso para ambos. Al otro día estábamos dando a conocer ante los medios de comunicación nuestra salida de la entidad que le faltaban unos meses para pasar a dirigir los destinos del país.

Cuando tomamos la decisión de renunciar, no contemplamos la posibilidad de ingresar a otra organización política, por lo que decidimos tomarnos un tiempo. Isabel se mantendría como diputada independiente y daríamos tiempo para tomar cualquier decisión con la cabeza fría. Eso duró apenas un mes, ya que en ese tiempo se nos acercaron dirigentes de varias parcelas políticas. Todavía recuerdo el arreglo floral de Eduardo Estrella, el cual hubo que llevarlo en una camioneta y quitarle una parte lateral para poder entrarlo por la puerta de la casa.

En eso surge el acercamiento con un cuñado, Felipe Madera, miembro del PLD, y con Mochy Fadul, en ese momento presidente de la Cámara de Diputados, para que recibiéramos la visita de Danilo Medina. Desde ya empezábamos a sentir simpatía por el discurso moderno y progresista de Leonel Fernández, lo que motivó a que aceptáramos el encuentro con Medina en la casa de mi cuñado.

Allí se produjo nuestro primer encuentro político con el hoy presidente Danilo Medina. Isabel, en su condición de diputada, ya lo conocía y tenían una relación armoniosa. Fue en esta reunión en que se inició una relación afectiva que permanece hasta hoy. Después de esto hemos pasado por diversos procesos, unos muy buenos y otros no tan favorables. Lo que tratamos en esa reunión y a los acuerdos a que arribamos, serán objeto del próximo artículo.

Danilista afectivo (2 de 7)
16 de julio 2018

La reunión programada con el licenciado Danilo Medina finalmente se materializó un sábado del mes de enero de 1996, en la residencia de mi cuñado, Martín Madera, en la que además participó Monchi Fadul, presidente de la Cámara de Diputados. Debo reconocer que, al momento del encuentro, de parte de Isabel y un servidor ya había cierto nivel de simpatía con la candidatura del doctor Leonel Fernández, candidato presidencial del Partido de la Liberación Dominicana -PLD-.

Quienes estuvieron presentes en esa reunión son testigos de que la única condición que presentamos para integrarnos al PLD y su campaña electoral fue de que fuera con las jerarquías partidarias que sustentábamos en el Partido Revolucionario Dominicano-PRD-, lo que equivalía a ser miembro del Comité Central del PLD.

Si esto lo viéramos desde un punto de vista de simple negociación política, en nuestro caso estábamos entregando una diputación al PLD, así como un impacto positivo que implicaba una percepción favorable en medio de una situación que, desde cualquier óptica, le estaba dando causa de ganancia al partido fundado por Juan Bosch. Recuerdo, como si fuera ahora, la frase de Danilo Medina: "Ese paso de ustedes aporta un caudal de votos intangibles".

Hay realidades en que los resultados son imposibles de cuantificar, por lo que esa integración nuestra al PLD en ese momento, como nos dijo Danilo, era de resultados intangibles, que es lo mismo que decir de resultados imposibles de cuantificar. Aunque se pudieron dar múltiples factores, los resultados de ese proceso electoral fueron muy favorables al PLD, que obtuvo una victoria de más de 40 mil votos en Santiago.

Sería presumido atribuir esos resultados a esa sola situación, aunque fue un factor que momentáneamente sacó al PRD de su agenda programada, llevándolo a una reorientación de sus actividades, con fundamentos eminentemente defensivos. Circunstancia que el equipo de campaña del PLD en Santiago aprovechó para ganar un buen terreno.

En mi caso me integré a las áreas en las cuales puedo accionar mejor, me refiero a la de planificación estratégica y la labor organizativa. En cambio, Isabel fue ubicada al frente del programa de televisión del equipo de campaña, acompañada de Monchi Rodríguez y Abel Martínez.

Los estragos que ese programa de televisión le ocasionó al PRD fueron demoledores, ya que nosotros conocíamos muy a fondo todo el sistema de operación de ese partido, lo que nos permitía elaborar una estrategia que fue llevada a ese programa televisivo. En términos políticos electorales, el daño que le ocasionamos al PRD y que vinieron a favorecer a la candidatura de Leonel Fernández, fue la razón de futuras acciones en nuestra contra por parte de esa agrupación, lo cual trataremos más adelante.

Volviendo a la reunión en la que nació el vínculo afectivo nuestro con Danilo Medina, y en la cual solicitamos nuestra integración al Comité Central del PLD, en correspondencia a nuestras posiciones en el PRD, el planteamiento de Danilo fue que a diferencia de la organización de la que proveníamos, en su partido sólo era posible entrar a ese órgano político a través de un congreso.

Nos manifestó que él entendía nuestra posición política, de principios y la estimó muy justa, al no basarse en cuestiones materiales, ni siquiera relacionada con un futuro gobierno peledeísta. Le reiteramos que nuestra intención era llegar al PLD a ganarnos cualquier espacio fruto del trabajo y que esto sólo era posible desde una posición partidaria de mando.

Danilo Medina siempre ha sido un gran estratega, negociador y gestionador de alternativas, por lo que nos propuso una posición intermedia para lograr un acuerdo circunstancial. Nos dice que el Comité Político estaba facultado para designar las posiciones más cercanas al Comité Central, en ese caso las vice-secretarías, lo cual él se comprometía a llevar a ese órgano para que fueran aprobadas.

Acordamos que en el caso de Isabel iría a la Secretaría de la Mujer y, en el mío, a la Secretaría de Organización. Aunque finalmente terminé en la Secretaría de Asuntos Comunitarios, que en ese momento dirigía Carlos Segura Foster, actual administrador del Banco Agrícola. Este cambio se produjo por el elevado nivel de sectarismo que en ese tiempo arropaba al PLD. El titular en ese momento, Cheché Luna, entendió que esa secretaría era muy estratégica para dar paso a alguien recién llegado al partido.

En ese tiempo así se manejaba el PLD, con un alto nivel de exclusión, sectarismo, celos, desconfianza hacía lo externo, con una visión de representar lo más noble y puro de la sociedad. Hasta cierto punto era un PLD diferente a lo que es hoy, con sus vicios y virtudes, acorde con la sociedad en que vivimos. Esa interpretación de la sociedad fue la que motivó aquella famosa frase de Franklin Almeyda.

Es indiscutible que por lo menos tres personas comprendieron que con esa visión elitista el PLD jamás llegaría al poder, dándole un giro ideológico, político, organizativo y social. Esas tres personas que en su momento fueron llamados "Los muchachos", por su juventud, se atrevieron y tomaron la decisión de realizar los cambios que permitieron el ascenso del Partido de la Liberación Dominicana a dirigir los destinos del país.

Ese equipo de estrategas fue dirigido por Danilo Medina y compuesto por Leonel Fernández y Temístocles Montás, quienes sentaron las bases para que el PLD pasara de ser un partido de cuadros a convertirse en la organización de masas más grande y poderosa de todos los tiempos en nuestro país, así como en una maquinaria electoral de efectos contundentes y demoledores para los adversarios políticos.

En esa reunión con Danilo Medina acordamos que en unos días el candidato presidencial, Leonel Fernández, se trasladaría a Santiago para juramentarnos en el PLD, lo cual se haría por sorpresa, con la convocatoria de todos los medios de comunicación. Esto finalmente se llevó a cabo en el Hotel Gran Almirante, lo que oficializó nuestra integración al PLD como vice-secretarios y a la candidatura de Leonel Fernández.

De eso hace un poco más de 22 años y aquí estoy, siempre al lado de Danilo Medina, tal y como me he definido, siendo un danilista afectivo, lo cual iré fundamentando en las próximas entregas.

Después de nuestra entrada oficial al Partido de la Liberación Dominicana, ocurrida en el Hotel Gran Almirante de Santiago, en una actividad dirigida por el entonces candidato presidencial, Leonel Fernández, se produjo un acto de masas en el Palacio de los Deportes de Santo Domingo, con la presencia de Juan Bosch, la figura inmortal del PLD.

La actividad, organizada por el Director Nacional de campaña, Danilo Medina, Se convirtió en el encuentro de todos los movimientos de apoyo a la candidatura de Leonel Fernández a nivel nacional. Isabel tuvo una participación que produjo un impacto positivo de niveles inimaginables. Todavía recuerdo los aplausos por varios minutos al terminar su intervención con una frase usada en la campaña: "Cuando la vida nos da la oportunidad de tomar las grandes decisiones, no se puede fallar".

En todo el transcurso de la campaña el PRD en Santiago mantuvo una actitud muy agresiva, amenazante e intimidante, que siempre fue respondida con el nivel de firmeza y responsabilidad que nos caracteriza. Hubo momentos en que la situación llegó a niveles que pusieron en peligro mi vida como la de mi familia, lo que no impidió que fuéramos parte importante del triunfo del PLD y el Frente Patriótico en ese proceso electoral.

Con la victoria de Leonel Fernández en 1996, se inicia un nuevo período en la historia de nuestro país, donde por primera vez un partido diferente a los tradicionales asumía las riendas de la nación. Debo reconocer que conmigo no se había producido ningún compromiso con el incipiente gobierno peledeista, por lo que un amigo nos aconsejó que debíamos ir donde Danilo Medina para discutir sobre el particular.

Una semana después de instalado el Gobierno peledeista, visitamos al designado Ministro de la Presidencia, Danilo Medina, encontrándonos con un panorama muy peculiar, en el que cientos de militantes del PLD copaban totalmente el despacho del funcionario. En principio nuestra intención fue la de retirarnos ante una situación tan tensa y demandante, que no permitía ningún tipo de conversación en términos sensatos ni ordenados.

Recuerdo como si fuera en estos momentos, que Danilo Medina, por encima de la multitud de compañeros que lo rodeaba, nos ve un poco alejados y nos llama, hasta que, abriendo paso y recibiendo empujones, logramos llegar a su lado. Entonces, con su pragmatismo y estilo directo, me dice: Luis, dónde tienes pensado que podemos designarte. En ese momento sólo me llega a la mente Bienes Nacionales, ya que como Director de esa institución había sido designado una persona de Santiago.

De inmediato Danilo Medina toma una libreta y escribe lo siguiente: "Hacer decreto urgente designando a Luis Estrella como Sub-administrador Técnico de Bienes Nacionales", lo firma y me le entrega. Con esa nota vamos a la Consultoría Jurídica, donde Margarita Cedeño, que había sido designada Sub-Consultora. Isabel y ella, que habían estudiado juntas toda la carrera de Derecho en la UASD, tenían buenas relaciones, y mi esposa le entrega la nota para que procediera a hacer el Decreto.

En ese momento era tan grande el flujo y la presión, que Margarita le dice que lo haría al día siguiente, a lo cual Isabel, con el talento y determinación que la caracteriza, le dice: "Margarita, Danilo dijo que lo hicieran ahora y lo vamos a esperar". Ante tal situación, la Sub-consultora procede a mandar a elaborar el Decreto y dejarlo listo para la firma del Presidente, Leonel Fernández. Al otro día salió en los periódicos matutinos nuestro Decreto como Sub-administrador de Bienes Nacionales.

En ese momento sólo éramos dos sub-administradores, en mi caso el Técnico y Miguel Ángel Rodríguez el administrativo, actual Cónsul General en la ciudad de Miami. Balaguer había dejado los funcionarios públicos ganando una miseria a tal punto que los sub- administradores en Bienes Nacionales devengaban algo más de 3 mil pesos, lo cual luego fue mejorado en toda la administración pública de manera muy significativa por Leonel Fernández.

Los dos primeros años que estuvimos en Bienes Nacionales fueron muy difíciles, nos correspondió tanto a Miguel Ángel como a nosotros trabajar con un director con profundos problemas de trastornos de la personalidad. Miguel Ángel tiró la toalla primero y fue trasladado a otra institución; en su lugar fue designado Juan Nadal. En ese proceso visitaba con mucha frecuencia a Danilo Medina, quien me aconsejaba siguiera trabajando y manejara con inteligencia las dificultades que a diario ocurrían en la institución.

En mayo del 1998 la situación se tornó insoportable para nuestro trabajo en Bienes Nacionales, al extremo que el Director, de manera arbitraria y desconociendo la disposición de un decreto que me amparaba, nos traslada para Santiago y nos despoja del vehículo que teníamos asignado. Con el oficio en la mano visité a Danilo Medina y le presenté la disposición del Director de la institución. La respuesta fue la siguiente: "Luis tomate estos meses de vacaciones, que él estará ahí hasta el16 de agosto."

Como siempre, hice lo que Danilo Medina me aconsejó y me tomé unas inesperadas vacaciones por más de dos meses, las que fueron interrumpidas el 16 de agosto con la destitución del Director de Bienes Nacionales, razón por la cual al otro día nos presentamos a la institución a asumir nuestras funciones como sub-director técnico. Ese fue un día muy difícil, que por suerte no degeneró en consecuencias lamentables, porque fuimos, al igual que Juan Nadal, víctimas de una agresión que pudo haber ocasionado consecuencias impredecibles, y que gracias a la intervención de DNI no llego a términos fatales.

Lo que ocurrió ese día y la intervención de Danilo y de Leonel, será objeto de la próxima entrega.

Danilista Afectivo (4 de 7)
23 de agosto 2018

Había interrumpido por unas semanas la serie de artículos acerca del "danilismo afectivo", para tratar otros temas que, por su relevancia, ameritaban un tratamiento prioritario, como ha sido, de manera especial, la Ley de Partidos, Agrupaciones y Movimientos Políticos, así como otros casos presentados últimamente en el espectro político nacional.

Hablábamos en la entrega anterior de nuestra participación como Sub-Administrador Técnico de Bienes Nacionales hasta el 1998, en la que se presentaron algunas dificultades con quien en ese momento fungía como Administrador General, Henry Garrido. En ese año fue designado en esa posición el Lic. Carlos Amarante Baret, con quien siempre mantuvimos relaciones cordiales, respetuosas, lo que se estrechó más por los vínculos mutuos con Danilo Medina.

En el año 1998 se efectuaron por primera vez las elecciones de medio término para elegir los cargos congresuales y municipales. En ese momento todavía el PLD era un partido de cuadros, razón por la que la elección interna se desarrolló a través del voto por organismos; recuerdo que Isabel, a pesar de que sólo teníamos dos años en el PLD, participó como candidata por Santiago, quedando en tercer lugar, con 90 votos; sólo Julio César Valentín y José Izquierdo la superaron en votación.

En ese proceso los candidatos asistían a asambleas de organismos, en las cuales se les permitía 5 minutos para hacer una exposición. El voto era orgánico, pues quien sacaba la mitad más uno de cada comité de base ganaba ese voto, pero si sacaba menos de la mitad, ese voto no se computaba. Para los nuevos militantes del PLD así de simple era esa organización, estricta y disciplinada en ese momento. Quien violentaba esos métodos, automáticamente quedaba expulsado del partido.

En el 1999 nos integramos al proceso interno para apoyar de manera militante al compañero Danilo Medina, quien se disputaba la candidatura presidencial con Jaime David Fernández Mirabal. Esa contienda interna fue ganada por Danilo Medina, quien pasó a ser el candidato del PLD en las elecciones del 2000, en la que fue electo Hipólito Mejía, y nuestro partido regresó a la oposición.

Entiendo oportuno señalar desde mi óptica, que se dieron factores que incidieron en esa derrota electoral, a pesar del excelente gobierno realizado por el compañero Leonel Fernández. En primer lugar, la dirección del PLD nunca entendió la transición que se había producido en la sociedad dominicana, queriendo mantener un estilo cerrado, sectario y excluyente. Eso dio resultado en su momento, pero los tiempos habían cambiado, por lo que un gran sector que se acercó al PLD en ese período, incluyendo los aliados reformistas que nos dieron el triunfo en la segunda vuelta, se alejaron de nuestra entidad política.

Se aprende de los errores y la dirección de nuestro partido, especialmente los integrantes del Comité Político, asimilaron la lección, creando las condiciones para convertirnos en una maquinaria electoral que desde el 2004, no hemos sufrido una sola derrota en ningunos de los procesos realizados. Que eso también haya traído sus efectos colaterales negativos, también es cierto, pero sí ponemos todo en una balanza, los resultados son altamente positivos. Se ajustaron algunas cosas, restableciendo la parte positiva que tenía nuestro PLD de cuadros, entre la que destaca el CENTRALISMO DEMOCRÁTICO.

Qué es el Centralismo Democrático: Simple, que los organismos inferiores se sometan a los superiores y todos al Comité Central. Que luego de votar en cualquier organismo, la minoría acepte la decisión de la mayoría, de manera militante y disciplinada. Esto implica que antes de votar, el miembro del partido tiene todo el derecho de exponer sus criterios sobre cualquier tema; claro, luego de tomada una decisión, la mayoría se impone. Entiendo que aplicando el centralismo democrático todo vuelve a la normalidad y jamás se oirán voces que hablen de división. Diferencias de criterios que lleven al consenso, pero nunca, jamás, a la unanimidad, porque eso es una simple utopía.

Desde el 2000- 2004 estuvimos en la oposición. Nosotros, a pesar de las excelentes relaciones que siempre hemos tenido con el compañero Leonel Fernández, siempre en términos políticos, estuvimos al lado de Danilo Medina. Esos cuatro años fueron de gran experiencia; en el 2000, Isabel fue vocera del bloque del PLD, sustituyendo a Reinaldo, quien había sido electo Secretario General del Partido y luego lo fue en el período 2001-2002.

En ese proceso por la Secretaría General apoyamos a Reinaldo Pared, por instrucciones directas de Danilo Medina, compitiendo con Alejandrina Germán, apoyada por Jaime David y José Tomás Pérez. En ese momento el compañero Danilo demostró una vez más que era quien tenía mayor control de las estructuras partidarias, garantizando el triunfo de Reinaldo, con apenas unos meses de campaña interna.

En el 2004 y por disposición del compañero Danilo Medina, toda su estructura pasa a apoyar a Leonel Fernández, primero en el proceso interno con Jaime David y luego en las elecciones generales, para obtener un triunfo arrollador en la primera vuelta frente al candidato reeleccionista del PRD, Hipólito Mejía. Todo marchó normal hasta que se produjo en el 2006 le renuncia de Danilo Medina como ministro de la Presidencia, con el fin de lanzar su proyecto presidencial para el 2008.

Ese fue un momento muy difícil, en el que cada miembro del PLD tuvo que tomar una decisión que implicaba consecuencias que definirían su vida política. De nosotros podríamos decir que teníamos excelentes relaciones con ambos, pero nunca vacilé, ni siquiera lo analicé, pues desde el primer día, tanto Isabel como un servidor, nos acercamos a Danilo Medina y le manifestamos que podía contar con nosotros en lo que él entendiera de lugar.

Siempre he tenido la convicción de que se debe actuar de acuerdo a lo que tu corazón te dicte en un momento determinado. En esa situación, aunque muchos nos acusaron de poco político, entendimos que asumimos una posición acorde a los postulados de nuestra conciencia.

La parte relativa a ese difícil proceso interno prefiero tratarla en la próxima entrega.

En esta entrega voy a referirme a los procesos ocurridos en el 2004, en los el PLD retorna al poder con Leonel Fernández y a la situación generada a partir de la confrontación en el 2006, entre Danilo Medina y Leonel Fernández a lo interno del Partido de la Liberación Dominicana.

En el 2004, Danilo Medina designa a Isabel y a un servidor, a través de Francisco Javier, para coordinar la campaña de Leonel Fernández en la provincia María Trinidad Sánchez, responsabilidad que se anunció oficialmente a finales del mes de marzo y en la cual se nos mostró una medición que indicaba que Hipólito Mejía tenía 10 puntos de ventaja en ese momento, y que en nosotros recaía la misión de revertir esa situación.

Recuerdo que muchos amigos diputados compañeros de Isabel nos decían que eso nos iba a dejar mal parados, ya que no había ninguna posibilidad de ganar una provincia que en ese momento era llamada "la novia del PRD". A pesar del panorama, analizamos con detalle todos los factores ponderables y pasamos a elaborar nuestra estrategia. Los resultados fueron sorprendentes, pues ganamos en la provincia por 54 votos; la estrategia elaborada funcionó. Perdimos Cabrera y el Factor con algo más de 1,000 votos, empatamos en el municipio de Nagua y, con el municipio más pequeño, Río San Juan, con apenas un 11% de votantes por mts., logramos variar a favor los resultados y obtuvimos una victoria que sobrepasó los mil votos.

La estrategia dio sus resultados y ganamos la provincia, que apareció por primera vez en la historia vestida de morado. La estrategia diseñada estaba dirigida a empatar el municipio cabecera y con Río San Juan compensar los votos faltantes en Cabrera y el Factor, que eran dos municipios en ese momento fundamentalmente perredeistas.

En el 2006 se produce la renuncia de Danilo Medina como ministro de la Presidencia, para anunciar su aspiración a la Presidencia del país por el PLD, situación creo un gran impacto dentro del partido, produciéndose una confrontación interna que dividió al PLD en dos grandes corrientes, el danilismo y el leonelismo. Para muchos compañeros fue difícil asumir partida a favor de uno de los dos grandes líderes; de nuestra parte, nos colocamos al lado de Danilo Medina, a pesar de mantener excelentes relaciones con Leonel Fernández.

Hay momentos en la vida en los cuales uno tiene que fijar posiciones por fidelidad, al margen de los intereses personales y materiales, por lo que de inmediato anunciamos nuestro apoyo al compañero Danilo Medina. En ese momento el actual Presidente sufrió decepciones de compañeros que lo habían acompañado siempre en su trayectoria en el PLD y que le debían todo en términos políticos y de participación gubernamental , pero se colocaron al lado del poder.

Esa es una historia que se repite en la medida que cambian las circunstancias; ahora muchos de ellos son de nuevo danilistas, pero jamás lo serán afectivos, ya que se mueven y se adaptan con facilidad a los cambios en las esferas del poder. Esa es una realidad que siempre existirá, ya que lo que se impone en el mundo político no es la ética ni los principios, sino el criterio de Maquiavelo, de que el fin justifica los medios y de que la política es el arte de la conveniencia.

Nunca he sido abanderado del oportunismo, de las decisiones por conveniencias personales, por eso me considero un político atípico; cuando estoy apoyando una causa, lo hago por convicción, porque creo en ella, de lo contrario, jamás me involucraría en algo que no surja de mi interior. Claro, eso es algo personal, una forma y visión de ver la vida y la política; quien la observe desde otro punto de vista, también lo respeto, ya que eso es la democracia y la libertad individual de cada ser humano.

En medio de esa situación creada hacia lo interno del PLD, con el anuncio oficial de las aspiraciones de Danilo Medina, éste nos designa para coordinarle su proyecto en la provincia María Trinidad Sánchez. En verdad fue algo muy difícil, ya que las principales figuras de la comunidad habían abandonado a Danilo para fijar posición al lado de Leonel Fernández. Tuvimos que improvisar un equipo en los diferentes municipios, desafiando el poder, que lucía imbatible.

En Cabrera designamos a Geraldo González como coordinador; en el Factor a Negro Petan; en Río San Juan a Eddy Núñez y Anny Fernández, y en Nagua no fue posible designar un coordinador, por lo que conformamos un equipo colegiado, compuesto por Francisco Peña, Allende, Hilario Amparo, Alec, el Dr. Mañón y Nápoles Jiminián.

Con esa pequeña estructura de dirigentes y un equipo de compañeros que todavía nos acompañan en el danilismo, como Ovidio Tejada, Martín Guzmán y otros compañeros, enfrentarnos con dignidad el poder que representaba en ese momento Leonel Fernández.

Sólo quienes vivimos ese proceso interno estamos conscientes de lo que significa apoyar una causa, que se avizora pérdida, pero el coraje y valor son suficientes para enfrentar cualquier circunstancia; al estar apegado a un objetivo que por fidelidad se asume con determinación. En ese momento eso fue lo que hicimos los danilistas, inmolarnos por afecto e identificación emocional con nuestro líder Danilo Medina.

Danilista afectivo (6 de 7)
4 de septiembre del 2018

Después de pasado el proceso electoral interno del 2007, recibimos una invitación del entonces Director de la Oficina de Ingenieros de Obras del Estado, Félix Bautista, en la que éste nos establecía su disposición de que fuéramos designados como Vice-Ministro en el Gobierno que encabezaba Leonel Fernández, propuesta que fue rechazada de inmediato, por entender que en ese momento se podía interpretar como una claudicación de nuestra fidelidad a Danilo Medina.

Pasaron las elecciones del 2008, ganadas en primera vuelta por Leonel Fernández, y quien asumió su tercer periodo como Presidente de la República Dominicana. En marzo del año 2010, por una situación política-electoral, y de una manera fortuita, nos reunimos con el Presidente Fernández, quien nos ofreció designarnos en su Gobierno como Vice-Ministro de Obras Públicas y Encargado de la Dirección de Tránsito Terrestre.

Debo reconocer que esta iniciativa del Dr. Fernández de designarnos en su Gobierno fue espontánea y sin ninguna condición, ya que él estaba consciente de mis vínculos con Danilo Medina Sánchez. El Presidente Fernández sólo alegó que él entendía que nosotros éramos parte de su administración, por lo que tomaba esa decisión para enmendar la confusión que nos mantuvo 6 años fuera de los gobiernos del Partido de la Liberación Dominicana.

A los pocos días de este encuentro, recibimos en nuestra residencia de Río San Juan el decreto que nos designaba como Viceministro de Obras Públicas. Ya el 16 de agosto de ese año, el entonces ministro de Obras Públicas, de manera administrativa nos juramenta como Director General de Tránsito Terrestre, con rango de Vice-Ministro.

En el año 2011 decidimos conformar el Movimiento Todos con Danilo, en la Provincia María Trinidad Sánchez, como una manera de poder desarrollar un trabajo a favor del hoy Presidente de la República, cuyas razones nos reservamos revelar, pues no era posible realizarlo a través de las estructuras partidarias de ese momento.

El Movimiento, juramentado por el propio Danilo Medina en visita Río San Juan, jugó un papel estelar en todo el proceso, lo que no impidió que en la provincia MTS perdiéramos las elecciones y que el color morado obtenido en el 2004, siguiera ausente en una localidad emblemáticamente perredeista.

El 16 de agosto del 2012, el ya Presidente del país, Danilo Medina, nos ratifica por Decreto como Director General de Tránsito Terrestre, sin la calidad de Vice-Ministro. Esa designación fue motivo de alguna confusión, ya que aparentemente se nos degradaba en nuestra condición de funcionario, al dejarnos sin el grado de Vice-Ministro.

Antes de nuestra designación, el asistente especial del Presidente, Carlos Pared Pérez, nos llamó a su Despacho para plantearnos que se nos iba a designar como Director de Tránsito sin la condición de Vice-Ministro. Carlitos Pared explicó que el Presidente necesitaba ese viceministerio para cumplir con un compromiso, por lo que me solicitaba que lo cediera para esos fines.

Recuerdo que le respondí al amigo Carlitos Pared, que eso no tenían ni que planteármelo, que podían disponer no sólo del viceministerio, sino también de la Dirección de Tránsito, si el Presidente lo entendía necesario. Le reiteré que mi compromiso con el Presidente iba más allá de un simple cargo en la administración pública, que había durado seis años fuera de los gobiernos del PLD y que eso nunca interfirió en mi trabajo a favor de Danilo Medina.

Hasta ahí llegó esa conversación y al otro día se dio a conocer el Decreto, mediante el cual se designan las autoridades del ministerio de Obras Públicas, al ministro, a los seis vice-ministros y al Director General de Tránsito. A partir de ese momento comenzó una nueva etapa en mi vida política y como funcionario, ya que entendía que en mi gobierno, en el de mi Presidente, iba a ser empoderado, ocurriendo todo lo contrario, porque, al parecer, un funcionario cercano al Presidente no estuvo de acuerdo con mi designación.

Puedo decir que como un guerrero resistí, y, aún en condiciones adversas, logramos llevar esa institución, del caos, el desorden y la corrupción, a niveles de transparencia, servicio y organización, aceptados y reconocidos por toda la sociedad dominicana.

Debo reconocer que el presidente Medina siempre me apoyó, esforzándose por mejorar mi condición como Director de Tránsito, aunque sus propósitos no se cristalizaron.

En definitiva, todo se consumó y en junio del 2017, quedamos fuera de Tránsito Terrestre, al desaparecer esa Dirección con la creación del INTRANT. Luego recibimos dos propuestas, las cuales rechazamos, por entender que no iban acorde a mis principios, ética y dignidad. Esas propuestas fueron, ser designado como asesor general del INTRANT y, la otra, ser nombrado como Director del Observatorio de Seguridad Vial.

Transcurridas unas semanas, me entrevisté con el Presidente para tratarle mi situación, tema que expondré en una próxima entrega.

En agosto del 2017, el Presidente realizó una visita sorpresa al municipio de Río San Juan, específicamente a la sección de El Tablón. Me enteré de la visita estando donde la entonces directora del Distrito Escolar 14-01, Facunda Vásquez, por una llamada que me hiciera el ministro Administrativo de la Presidencia, José Ramón Peralta, para que esperara junto a él al jefe de Estado en el play de béisbol.

Cuando el presidente Danilo Medina llegó en un helicóptero, de inmediato me llamó y me dijo textualmente: "Luis, debes de estar pendiente que en cualquiera momento te llamo". Mi respuesta, también textual, fue la siguiente: "Presidente, quiero que esté claro, que soy una persona fiel a usted, con cargo o sin cargo en el Gobierno, así que no se preocupe por eso". Nos dimos un fuerte abrazo y marchamos hacia la actividad programada.

Semanas después de ese encuentro, recibí una llamada del ministro Administrativo, en la que informaba que todo estaba listo para ser designado como viceministro Ministerio de Planificación, Economía y Desarrollo. En verdad nunca simpaticé con esa idea, por la simple razón de que mi perfil no es el de ser un técnico seco.

En eso se produjo la designación de Héctor Mojica como Director de la OMSA, quien hacía dos meses había sido designado como Director Ejecutivo del Consejo de Coordinación Proyectos Especiales Zona Fronteriza. Mojica y un servidor somos buenos amigos, además veníamos de trabajar en la misma área, yo como Director de la DGTT y él como Director de la OTTT, por lo que tenía cierta información de lo que era el CCDF.

Ante esa situación, le comuniqué al ministro Peralta que prefería ser nombrado en la posición que dejaba Mojica y no como viceministro en el MEPD. Esto lo hice muy consciente, ya que prefiero ser cabeza de una institución pequeña y no un ente secundario en una grande. Tengo una amplia experiencia sobre este tema, tanto por mí como por otras personas, en que funcionarios cuando son incumbentes de cualquier institución, pasan a anular la institucionalidad y a dirigir con las personas de su entorno.

En octubre del 2017, el presidente Danilo Medina nos designa mediante decreto, como Director Ejecutivo del CCDF. En realidad nos encontramos con una entidad muy débil, sin estructura definida, con un presupuesto muy pequeño, dispersa, disgregada y prácticamente desconocida. Hasta el momento podemos decir que en estos 11 meses que la estamos conduciendo, hemos logrado mucho, en el plano estructural, operativo, financiero y de proyección social.

Entiendo que tenemos una institución que desde ya comienza a tener forma definida y, sobre todo, a ser respetada y reconocida por diversos sectores nacionales y fronterizos. El CCDF ha comenzado a dar sus frutos, lo cual quedará definido con la Expo-Feria que realizaremos del 30 de noviembre al 2 de diciembre en la provincia Montecristi.

Es oportuno reconocer que esos avances no hubieran sido posible sin el apoyo que desde el primer día nos ha brindado el Ministerio de Industria y Comercio a través de su incumbente, Nelson Toca, y del director administrativo y financiero de ese ministerio, Manolo Caba. Esto para mi ha sido una gran experiencia, porque me ha enseñado que no todo está perdido, que hay muchos funcionarios con voluntad y vocación de servicio. Los del MICM son un ejemplo de lo que digo.

Siempre he establecido que en un gobierno las posiciones son transitorias y circunstanciales, por lo que cada día debemos estar preparados para ser removidos o simplemente separados de la administración pública. Por este criterio no me fue difícil ejecutar el tránsito de la DGTT al CCDF, o simplemente haberme quedado fuera; esto lo viví sin ningún trauma cuando estuve fuera del Gobierno del PLD del 2004 al 2010.

Siempre he dicho que esos 6 años de los cuales no fui parte de la Administración Pública, fueron los mejores en términos económicos y de tranquilidad y paz espiritual. Esa situación no me impidió trabajar con toda la dedicación posible a favor de mi gobierno, del gobierno del PLD, y de manera particular al lado del presidente Danilo Medina.

Por esto puedo afirmar con toda la autoridad posible, que soy un danilista afectivo, de corazón, fiel y sin condiciones. También entiendo que hay un danilismo de oportunidad, el cual es importante y necesario para sostener un gobierno, en un país tan controversial, con bajos niveles de institucionalidad y con una marcada tendencia para conseguir las cosas con el menor esfuerzo posible.

Hay espacios con niveles técnicos, alianzas necesarias, importantes figuras de la sociedad civil, que su participación en un gobierno son imprescindibles, además del movimiento coyuntural de las fuerzas internas del Partido de la Liberación Dominicana. Esto inevitablemente produce lo que he llamado el danilismo de oportunidad o coyuntural.

Este fenómeno, si no es comprendido, puede producir mucha frustración, desaliento y hasta depresión en los danilistas afectivos. El danilismo afectivo debe sostener sobre sus hombros esta realidad inevitable, ya que de no hacerlo, estaría debilitando el liderazgo de su líder, al permitir que sus espacios sean ocupados por una nueva estructura que jamás tendrá el compromiso emocional, auténtico y sincero de quienes siempre han levantado con sinceridad la bandera del danilismo de corazón.

Después de leer esta serie de artículos sobre el danilismo afectivo, quizás muchos me preguntarán, ha valido la pena tanta fidelidad, cuando otros han obtenido beneficios mayores sin tanto esfuerzo, entrega ni pasión. A esos les diré lo siguiente: que ha valido la pena, no una, sino mil veces, ser fiel a un ser humano que lo ha entregado todo por el avance y desarrollo de los más pobres de este país

Puedo decir que después de ver estos 6 años de gobierno de Danilo Medina, cada día me siento más orgulloso de ser UN DANILISTA AFECTIVO.

Kenia Lora: Una danilista afectiva
22 de julio del 2018

Escribo una serie de artículos acerca del danilismo afectivo, en los cuales iré demostrando los vínculos históricos que me unen a Danilo Medina, una relación que es hija de un afecto especial y jamás de una coyuntura circunstancial. Voy a interrumpir el ciclo de esas entregas para referirme, desde mi óptica, a quien entiendo es el icono de los danilistas afectivos; me refiero a Kenia Lora.

En días pasados mi esposa Isabel Bonilla y yo visitamos a nuestra amiga Kenia, quien en la actualidad ejerce la función de Directora del Consejo Nacional para la Niñez -CONANI-, después de ser parte del Consejo del Banco de Reservas. En verdad fue un encuentro muy emotivo, por el cariño que nos tenemos, cultivado por años, cuando Kenia era la persona que fungía como el canal de los danilistas con el actual Presidente.

Todos aquellos que vivimos las distintas facetas por la que atravesó Danilo Medina, algunas buenas, otras regulares y muchas duras, difíciles y hasta deprimentes, siempre tuvimos en Kenia un punto de apoyo, de aliento, de confianza y, sobre todo, una muestra de fidelidad que nos inspiraba a seguir nuestra cruzada. Nunca vimos a Kenia manifestar una actitud de pesimismo, siempre positiva y confiada en que con Danilo llegaríamos al objetivo.

Nuestra amiga Kenia, en ese proceso de muchos años, se ganó el cariño de todos los danilistas de cualquier rincón del país; conocía a cada dirigente por su nombre, sin importar que fuera del lugar más recóndito. Siempre atenta y dispuesta para evitar cualquier situación que pudiera generarle algún disgusto a un compañero con el líder Danilo. Eso la convertía en un ser humano con habilidades especiales para lidiar con tantas personas, organizando la agenda con una maestría que permitía el contacto de Danilo con todo su ejército, sin quejas ni disgustos.

Todo el que tiene experiencia en el mundo político está consciente del nivel de influencia que puede tener el asistente de más confianza de un líder político, para ayudar o perjudicar a ese ser humano, que por sus compromisos y responsabilidades, tiene que delegar los asuntos operativos y los detalles que la situación no le permite manejar en el día a día. De ahí el papel que está llamado a realizar el que llamamos el entorno más cercano.

Puedo afirmar y sé que el danilismo afectivo coincide totalmente conmigo, que Kenia ha sido la persona que más aportes hizo en el período anterior al 2012, para lograr la cohesión del danilismo alrededor de nuestro líder. No importaba el día, la hora, la circunstancia, siempre estaba ahí, con una sonrisa, para buscar cómo abrir los espacios que permitieran hacer contacto con Danilo, aún lo apretada que estuviera la agenda; siempre tenía alternativas.

Debo confesar que nunca he entendido las razones por las cuales Kenia no esté jugando ese rol en nuestro Gobierno, como tampoco el haberla alejado de su esencia, el de ser el enlace natural de nuestro Presidente con los danilistas que lo quieren desde lo más profundo de su ser, al margen de intereses particulares o materiales.

También debo admitir que quienes en este momento realizan esa labor son muy buenos, fieles al Presidente y todos de extrema confianza.

Tengo la esperanza de que se siga produciendo el acercamiento entre los danilistas afectivos, por la simple razón de que cuando las ideas y sugerencias surgen del corazón, sus resultados son diferentes. Nuestro único interés y objetivo es ayudar a nuestro presidente a que al momento de tomar la decisión de retirarse a descansar con su familia, lo haga no sólo con el deber cumplido como estadista y haber sido un jefe de Estado histórico, sino que también su alma esté radiante, iluminando a todos los que lo quieren como Danilo Medina, no como el primer mandatario de nuestro país.

Gracias Kenia por ser una danilista afectiva.

Mujica a Danilo: La política no es una profesión; es una pasión
14 de agosto del 2018

José (Pepe) Mujica, quien nació en 1935, en Uruguay, fue un miembro prominente del Movimiento de Liberación Nacional Tupamaros, un grupo de guerrilla urbana, de orientación e influencia castrista. En una ocasión fue herido de seis disparos y en 1972 apresado, y permaneció 13 años en prisión, hasta la amnistía general de 1985.

A partir de su libertad, forma el MMP y se íntegra al Frente Amplio, organización que aglutinaba a todos los movimientos de izquierda, socialistas y comunistas. Es electo diputado y senador en los años 90, ministro de Ganadería en el 2004, y el 1ro.de marzo del 2010, asume la Presidencia de Uruguay, hasta el 1ro. de marzo del 2015.

Está casado con la actual vice-presidente de Uruguay, Topolansky, que siendo senadora, asumió esa posición en el 2017 por la renuncia del titular.

Topolansky también fue una militante del grupo guerrillero Tupamaros, en el que conoció a Mujica, iniciando una relación amorosa que duró dos meses, antes de ser apresados y volverse a ver 13 años después, cuando fueron liberados en 1985.

Tras su libertad, Mujica y Topolansky se fueron a vivir a una granja rural, dedicándose al cultivo de flores, negocio del cual se mantenían en términos económicos. Ambos decidieron no tener hijos y vivir una vida con gran austeridad. Al ser electo Presidente, Mujica no aceptó vivir en el Palacio Presidencial y prefirió mantenerse en su granja y casa campestre.

En realidad Mujica es un ser único, con características propias, que lo diferencian de cualquier ser humano, a quien el poder no logró cambiar, sino, todo lo contrario, le permitió adquirir una sabiduría de la cual todos debemos aprender. No podemos pedir que seamos como Mujica, eso sería demasiado, aunque sí podemos aprender un poco de su humildad, sencillez, capacidad de trabajo y entrega a una causa noble, como es lo de ser, sobre todo, un servidor público.

Mujica fue diputado, senador, ministro, líder político y nunca cambió; siempre mantuvo los pies sobre la tierra, nunca abandonó sus raíces, por el contrario, profundizó cada día más en sus principios y visión de la vida. Es un ejemplo para todo aquel que al llegar a una posición de poder, se olvida de inmediato de lo que profesaba, pasando a convertirse en un ser inaccesible, arrogante, distante, soberbio e indiferente.

En nuestro país tenemos innumerables ejemplos de seres humanos especiales, que encajan perfectamente en lo que aprendimos del refranero español: "Si quieres conocer a Fulanito, dale un carguito", frase que Balaguer aplatanó con el "si quieres conocer a Miguelito, dale un carguito". Nadie me lo ha contado, lo he vivido, he visto funcionarios tan encumbrados, que piensan que su gloria y poder serán eternos, qué pena ver el nivel de infelicidad de quienes creen que esa postura los separa del "montón".

Como Mujica, un funcionario debe tener vocación de servicio, humildad y sencillez. Si Uruguay está muy lejos para aprender de un ex-Presidente de ese país, por lo menos que aprendan del Presidente de nuestra nación, que trabaja los 7 días de la semana y mantiene los mismos niveles de sencillez de toda la vida. No tienen que ir lejos, pueden aprender con el ejemplo de DANILO MEDINA SANCHEZ.

A veces es difícil admitir que para mí es más fácil ver al Presidente, que a algunos Ministros, Directores Generales o SUPERINTENDENTES. En realidad, hay funcionarios que cuando son designados en una posición, entienden que les están regalando una propiedad, no comprendiendo que con esto están defraudando a un ser humano humilde, que creyó en ellos, para que replicaran su estilo cercano a la gente.

Es posible que al decir esto genere algún resentimiento y hasta odio, pero siempre he estado dispuesto a asumir las consecuencias de mis acciones. Claro, también es justo reconocer que hay muchos funcionarios excelentes, honestos, trabajadores y que aplican de manera fiel los postulados y criterios de nuestro Presidente. No voy a mencionar nombres, pero ellos saben a quienes me refiero, tanto a los bien valorados, como también a los muy rechazados.

Cuando Mujica decía que la política no es una profesión, sino una pasión, estaba refiriéndose, sin proponérselo, a DANILO MEDINA SANCHEZ.

La política siempre presente

Mis prioridades: Ayudar al gobierno
y fortalecer estructura danilista
9 de marzo del 2018

El Partido de la Liberación Dominicana -PLD- fue diseñado por su fundador, Juan Bosch, como una entidad de liberación nacional, marxista, pero no leninista, sin vocación para obtener el poder a través de los mecanismos tradicionales, como las elecciones nacionales. Esa situación conllevó a estructurar un partido de cuadros, estudiosos de la teoría revolucionaria marxista y basado en el centralismo democrático.

En la medida que el mundo fue evolucionando y, por ende, la sociedad dominicana, se fue produciendo, al mismo tiempo, una adaptación del PLD a esa realidad, que implicó el abandono de la estructura de cuadros, para pasar a una organización de masas. Esta transformación ideológica, política y organizativa de un partido marxista de cuadros a una organización de masas, fue lo que permitió que en el 1996 el PLD llegara al poder.

Después de asimilar las experiencias de ese primer período de gobierno que terminaron que una derrota en el 2000 y luego en otra derrota en las elecciones de medio término en el 2002, los ideólogos de la transformación del PLD en un partido de masas, Danilo Medina, Leonel Fernández y Temístocles Montás, diseñaron una estrategia que permitió el regreso de ese partido al poder.

El tiempo ha demostrado lo correcto de esa estrategia política-electoral, con la victoria abrumadora de varios procesos electorales, tanto presidenciales como congresuales y municipales.

Debemos de reconocer que en estos momentos estamos viviendo una realidad diferente a los orígenes del PLD, ya que no tenemos un partido de cuadros, cohesionado en base al centralismo democrático, sino una organización en la que coexisten dos corrientes mayoritarias, que representan prácticamente el 98% de todo el partido. Me refiero al danilismo mayoritario y al leonelismo con una amplia representación, aunque situando en un escenario minoritario.

Aunque el leonelismo es minoritario a lo interno del PLD, las circunstancias de estar en una posición sin un compromiso total con el Gobierno, le ha permitido cohesionarse y desarrollar una estrategia que vende la vuelta al poder de su corriente, lo cual es una esperanza que permite agrupar sus integrantes en base a objetivos muy definidos. Esa política del leonelismo le ha permitido atraer a los disgustados del Gobierno, a aquéllos que no forman parte de la estructura gubernamental, así como a otros que, aun siendo parte del Gobierno, entienden que merecen estar ubicados en otros estamentos de mayor poder y jerarquía.

Mientras, el danilismo ampliamente mayoritario, luce muy disperso en los mandos altos por pequeñas islas de poder y en los mandos medios está rezagado, con cierto nivel de inconformidad por el manejo de inaccesibilidad de esos mandos altos, compuestos por ministros y directores generales, que se han distanciado de las bases y se concentran en desarrollar su ego.

A diario vivimos la situación de que los danilistas de toda la vida y los asumidos en los últimos años, son víctimas de maltratos, cancelaciones y humillaciones, por funcionarios que se han apartado de la visión del líder, que es la humildad y la sencillez. Esos funcionarios tendrán que cambiar de actitud para posibilitar la unificación real, sincera y de corazón del danilismo.

Aunque han perdido el sentido del equilibrio, obviando la parte humana y política, hay que admitir, sin mezquindad, que algunos de ellos están haciendo un excelente trabajo en su institución. Pero al manejar esas instituciones como empresas privadas, con un criterio de selectividad y amiguismo, afectan en gran medida a los responsables de que ellos puedan detentar esas posiciones de poder y ser parte de la cúpula del engranaje gubernamental.

Varios de esos funcionarios que afectan la unificación del danilismo, tienen sus proyectos presidenciales, entendiendo que con el poder que le confiere una institución, pueden estructurar y crear un perfil presidenciable. Es posible que en los próximos meses nos encontremos con la oficialización de esos aspirantes a dirigir los destinos de este país.

Todas las mediciones y encuestas realizadas en los últimos días indican que el presidente Danilo Medina sigue subiendo en su valoración, lo cual seguirá en aumento por el encomiable trabajo que a favor del progreso, el desarrollo y la modernidad del país viene realizando. Lo del Presidente no está en discusión, por lo que los danilistas lo que esperan es que todo el funcionariado asuma su agenda y entienda que aquí nadie debe tener una agenda particular.

Los liderazgos ni se trasmiten ni se endosan, se ganan con el trabajo, el tiempo, la persistencia, la prudencia, la humildad, la accesibilidad, el discurso y, sobre todo, por la vinculación con los seres humanos. Por eso los danilistas sólo reconocemos a Danilo Medina como nuestro líder; el que quiera convertirse en presidenciable, que aprenda simplemente emulando su ejemplo.

Claro, que sería injusto de mi parte no reconocer la labor de algunos funcionarios, que han comprendido la realidad, convirtiéndose en representantes reales del Presidente, como es el caso del ministro Administrativo, José Ramón Peralta. También hay otros funcionarios que siempre tienen sus puertas abiertas para los seguidores del presidente Medina, como es el caso del ministro de Interior y Policía, Carlos Amarante Baret.

Hay que trabajar duro para fortalecer el Gobierno, única garantía para ganar las elecciones en el 2020, lo cual debe ir de la mano con el fortalecimiento a nivel estructural del danilismo en todo el país. Ha llegado el momento de aportar, lo que es responsabilidad de todos, comenzando por los funcionarios del nivel más alto. Al mismo tiempo, es importante que cada compañero se convierta en un instrumento de denuncia, ante quien quiera vulnerar sus derechos, sin importar su estatus y jerarquía, lo que siempre será circunstancial y transitorio.

Soy un seguidor fiel del presidente Medina, con cargos o sin cargos en el gobierno, como se lo manifesté cuando salí de Tránsito y estuve unos meses fuera del tren gubernamental. Esa es mi prioridad, ayudar en lo posible a que nuestro Presidente gobierne lo mejor posible a favor de todos los dominicanos. Este año, esa será mi prioridad, ayudar a gobernar y a fortalecer la estructura danilista. Luego, el tiempo se encargará de lo demás.

Campaña sucia en contra de Danilo Medina
18 de febrero del 2018

En las últimas semanas hemos visto con preocupación, a través de las redes sociales, una campaña despiadada en contra de nuestro presidente Danilo Medina, por sectores de la oposición política y de un nefasto nieto del ex-dictador Rafael Leónidas Trujillo.

Está campaña tiene como fundamento una plataforma, basada en la manipulación de una promoción del odio hacia los haitianos y de incentivar el miedo ante una supuesta invasión y una fusión de nuestra isla. Para esto están usando montajes de fotos y acontecimientos que no responden a la realidad.

En nuestro país siempre han existido grupos y estamentos que han querido mantener vigencia en base a estos argumentos xenófobos, aprovechándose de una realidad histórica que envuelve a Haití y República Dominicana, que por destinos de la vida compartimos un mismo territorio.

Es innegable que todo país debe establecer las reglas y normas que deben regular el tema migratorio, es algo inherente a la soberanía de cada nación, por lo que nadie puede cuestionar las decisiones tomadas en esa dirección. En eso estamos cónsonos, aunque de manera aviesa sectores interesados han querido confundir el tema migratorio con el de la nacionalidad.

Todo indica que hay un deliberado propósito de querer desacreditar a nuestro Presidente, usando para esto el tema haitiano, como campaña sucia que ha comenzado en las redes sociales, y la cual piensan llevar a otros escenarios, utilizando a los tradicionales grupos conservadores, que siempre están inclinados, por su naturaleza, a las medidas más extremas y reaccionarias.

Desde ya, esos sectores promotores de la campaña sucia y chapucera, han quedado al desnudo, al evidenciarse la manipulación y montajes de varias escenas, donde han falseado los hechos y las circunstancias, lo que ha ido revirtiendo esa campaña y muchas personas confundidas han comprendido sus objetivos políticos perversos.

Entendemos que vivimos en un país democrático, por lo que todos están en el derecho de hacer los planteamientos políticos que entiendan oportunos, pero, hacerlo de esa manera, lo que demuestra es una gran inconsistencia ideológica, inmadurez política e incapacidad para enfrentar con argumentos los aportes que en materia económica, social, educativa, y de desarrollo, realiza nuestro presidente Danilo Medina a favor del pueblo dominicano.

Mientras esos grupos se inclinan por ese tipo de acciones, la mayoría del pueblo dominicano sigue confiando en su Presidente, como lo demuestran las últimas mediciones realizadas en el país. La respuesta más convincente es seguir trabajando para que nuestra nación continúe por el sendero del progreso y el desarrollo económico.

Al quedar evidenciados los objetivos de esos grupos de la oposición política, esperamos que algunos compañeros, unos confundidos y otros por un populismo revestido de una ambición a destiempo, entiendan que no se debe coincidir con el enemigo. El hacer causa común con el adversario, sólo por hacerse graciosos con un anti-haitianismo de moda, no es lo más conveniente para aquellos que, como Pilarín, sueñan con un futuro ilusorio.

El caso de las mochilas, Yolanda e Inabie
5 de septiembre del 2018

Como lo he dicho siempre, las redes sociales tienen su lado positivo y también su parte negativa, pues desde su escenario, se fusilan reputaciones sin miramiento, se atropellan y descalifican a seres humanos sin importar el efecto que eso puede ocasionar dentro de familias honorables. Aunque se manifiestan y aclaran muchas situaciones, también se producen heridas que jamás cicatrizan.

Hay personas que desde las redes actúan de manera respetuosa, estableciendo sus criterios, sin ofender ni denigrar a nadie, simplemente tratando de aportar cosas positivas, con críticas bien intencionadas. En cambio, hay irresponsables que se esconden en el anonimato, utilizando la oportunidad de expresión de este medio para enlodar reputaciones y matar moralmente a personas que tienen su espacio ganado con su trabajo y sus aportes a la sociedad.

Soy de opinión que las calumnias y chismes deben ser respondidos con la ignorancia, sin darle importancia y sin permitir que lleguen al nivel de producirnos perturbación. Decía alguien a quien respeto mucho, que "las cosas tienen la importancia que se les da", por lo que, si te colocas un paraguas, las críticas rebotarán y caerán desvanecidas hacia el vacío.

La introducción vale para referirme al caso de la distinguida dama Lucía Medina, hermana del presidente Danilo Medina, cuyos méritos personales no son precisamente por ser hermana del Presidente, sino por su trayectoria como dama y política. Recordemos que en el pasado proceso electoral fue la diputada más votada del país, lo cual no se logra por decreto ni lazos familiares, sino por un trabajo, una dedicación y una vinculación con todos los sectores de su provincia.

En los años de Yomaira como diputada, vicepresidenta y presidenta de ese hemiciclo, ha dejado un legado de honestidad e integridad incuestionables, reconocido por todos; ahí están los hechos, investiguen y verán los resultados. Una mujer de familia, con un esposo y hijos adorables, una guerrera, fajadora y trabajadora incansable a favor de los sectores más vulnerables.

Conozco bien a Yomaira. No es una fabuladora ni actriz. Es auténtica y sincera cuando se expresa, por lo que estimo su versión ante la situación en que se ha visto envuelta es real. Simplemente compró unas mochilas a 200 pesos, tres mil para ser exactos, para entregarlas a niños de escasos recursos, como siempre lo ha hecho. A veces la vida nos juega una mala pasada y se conjugan circunstancias que te incriminan en algo muy alejado de la realidad.

Los empresarios aclararon la confusión, y para los que conocemos a Lucía es suficiente. En cambio, los morbosos han continuado con su campaña de difamación, burlas y ataques despiadados, entendiendo que con eso matan dos pájaros de un tiro; descalifican a Yomaira para la senaduría de San Juan de la Maguana y a la vez afectan la imagen del presidente Danilo Medina.

Cuán equivocados están, ya que la verdad se impondrá y a quienes han querido calumniar saldrán más fortalecidos, como siempre ocurre cuando los ataques tienen el hedor de campaña sucia. Por ejemplo, la factura de 200 pesos del costo por unidad que presenta Lucía, es el precio real en el mercado de esta mercancía. Eso nadie lo puede refutar, por lo que, la negligencia de la empresa para colocar los logos, no puede ser causa para este atropello moral.

Lo que sí entiendo que debe aclararse, es la razón por la cual esas mismas mochilas, compradas por Lucía al precio del mercado, en las facturas de INABIE aparecen a precios más elevados.

Concluyo este artículo con una frase de un gran líder y pensador ruso: "En la vida, las calumnias son un síntoma de debilidad".

Danilo Medina: "¡esperaré hasta marzo!"
16 de septiembre del 2018

La respuesta del presidente Danilo Medina a una distinguida dama y prestigiosa comunicadora, de que esperaría al mes de marzo para referirse al tema de la reelección, puede interpretarse de múltiples maneras, pues si le sumamos la otra repuesta del primer mandatario de que ya tiene una decisión tomada, simplemente podemos colegir que deja todo a la interpretación, dependiendo desde la óptica que cada quien lo analice.

Aunque esto ha frenado un poco la campaña de los aspirantes presidenciales que responden al danilismo, éstos han continuado con sus actividades, tratando de posicionarse entre el electorado. Es el caso de Carlos Amarante Baret, Reinaldo Pared y Temístocles Montás, quienes han logrado conformar una estructura de alcance nacional. Hay otros aspirantes que han ido descendiendo el nivel de su labor proselitista.

Desde mi punto de vista, Temo, Reinaldo y Amarante son, por el momento, entre el espectro del danilismo, los que han logrado avanzar hasta cierto nivel, sin alcanzar todavía un espacio de relevancia que permita aglutinar la mayoría de ese sector mayoritario del PLD. Claro, hay que reconocer el esfuerzo y el trabajo que realizan, para convertirse uno de ellos en la figura que desarrolle un liderazgo que en un momento determinado, reciba la antorcha del líder.

Este proselitismo, por atraerse diversos sectores del danilismo. hasta cierto punto ha dinamizado el activismo político, pasando muchos compañeros a sumarse a unos de los proyectos, lo que es algo positivo, ya que impide que algunos disgustados se desvíen por otros senderos. Esos proyectos presidenciales se han convertido en un muro de contención para mantener fortalecida la estructura del presidente Danilo Medina.

Tengo un gran respeto, cariño y consideración hacia varios de esos aspirantes, por su militancia histórica en el PLD, por sus aportes para hacer realidad que hoy estemos en el poder, por su lealtad partidaria y, sobre todo, por acompañar a Danilo en todas las circunstancias. Son un ejemplo ante los cuales me inclino en reverencia y a quienes les deseo lo mejor en su trayectoria hacia sus objetivos de conquistar la Presidencia de nuestro país.

Personalmente he tomado la decisión de mantenerme al lado del Presidente, trabajando para fortalecer nuestro Gobierno, por entender es la única garantía, de quien sea el candidato del 2020, con un PLD unificado, pueda salir victorioso y mantener por varios períodos nuestro partido en el poder. Aunque seré respetuoso y jamás pondré obstáculos a ninguno de los aspirantes presidenciales, me reservo el derecho de esperar una decisión definitiva del Presidente.

Estaré de corazón al lado de Danilo, con la fidelidad afectiva que siempre lo he hecho, esperando hasta MARZO para escuchar de sus propia voz cuál es la decisión que él dice ya tiene tomada. Hasta esa fecha nadie tendrá la seguridad de cuál será esa decisión, por lo que esperaré con paciencia se pronuncie oficialmente sobre el tema ante la opinión pública.

Quiero dejar constancia de que, independientemente cual sea la decisión que asuma al Presidente en marzo del 2019, estaré a su lado, apoyándolo, como siempre lo he hecho.

Por la unidad del PLD
y fortalecimiento de nuestro gobierno
27 de julio del 2018

En las últimas semanas han ocurrido una serie de acontecimientos que ha dejado sorprendido a todo aquel que tiene una mínima experiencia política. La sorpresa es mayor porque los actores envueltos en esas situaciones en su mayoría forman parte del Partido de la Liberación Dominicana -PLD-.

En otros tiempos esas actuaciones eran sencillamente inadmisibles e inaceptables, pero la realidad es que estamos viviendo en otros tiempos, en los cuales la disciplina partidaria y el centralismo democrático han sucumbido momentáneamente ante el anarquismo y los pronunciamientos tremendistas y de irrespeto a los órganos superiores, así como al liderazgo emblemático.

Debemos aceptar y comprender que las diferencias son parte de la vida democrática, siempre y cuando se manejen dentro del terreno del respeto y la consideración que debe predominar entre compañeros de una misma familia política. Quien no comprende este criterio elemental en el activismo político partidario, simplemente marcha por el camino equivocado.

Para mí resulta penoso observar a compañeros referirse en términos irrespetuosos hacia el presidente del Partido y ex presidente de la República, Leonel Fernández. Al mismo tiempo, es mayor mi sorpresa cuando observo a compañeros tratando de descalificar al presidente del país, Danilo Medina, así como haciendo causa común con la oposición para descalificar al Gobierno del Partido de la Liberación Dominicana.

Cuán errados están aquellos que entienden que afectando nuestro gobierno, el del PLD, obtienen con ello alguna ganancia política. Si Vladimir Lennin estuviera vivo llamaría a este tipo de acciones "infantilismo político". En mi caso lo calificaría como una actitud desenfocada, alejada de la realidad, ya que si medimos las cosas por los resultados, esas posiciones sólo les hacen daño y afectan la imagen del PLD y su gobierno.

A veces llegamos a un punto en la vida en que es necesario detenerse y reflexionar sobre nuestras actuaciones. Entiendo que ese momento ha llegado para los peledeistas, que debemos de actuar sin prejuicios, sin radicalismo, sin infantilismo, sin bravuconadas y, sobre todo, sin resentimientos, odios ni rencores.

Es el momento de hacer conciencia de que sólo un PLD unificado y con una obra de gobierno positiva que presentar a la sociedad, podemos salir airosos en el 2020, esto al margen de quien sea el candidato, ya que lo más importante es la unificación de la familia peledeista; lo demás, desde mi óptica, es algo secundario.

Todos nuestros esfuerzos deben ir dirigidos a ayudar a Danilo Medina a gobernar y a trabajar para mantener unificado nuestro partido, contribuyendo de esta manera con el fortalecimiento Partido-Gobierno, lo cual conformaría una fortaleza inexpugnable, garantía total de mantener al PLD en el poder y con ello el desarrollo, progreso, avance institucional y consolidación de nuestra nación.

Con esto no establezco la negación del derecho que tienen los aspirantes presidenciales a continuar con sus objetivos. Ese es un derecho legítimo y constitucional; lo que quiero es llamar la atención a que se retomen las vías partidarias, basadas en la disciplina y el respeto a las normas estatutarias, pues, desde mi punto de vista, es la única garantía de que quien sea el candidato en el próximo proceso electoral, salga triunfante y prolongue al PLD en la dirección de los destinos de nuestro país.

Si fue posible que Mao Zedong y el Partido Comunista de China realizara una alianza con el Kuomintag de Chiang Kai-Shek para derrotar al invasor japonés y que Majluta y Peña Gómez se reconciliaran y murieran como los amigos que fueron toda la vida, cómo vamos a negar la posibilidad de un reencuentro de la familia peledeista, que de no producirse, de seguro la historia jamás lo perdonaría.

¡Apuesto a la unidad y el reencuentro peledeista!

El primer paso es comprender el significado trascendental de esta decisión y, lo segundo, bajar el tono de los pronunciamientos, para evitar abrir heridas que sean difíciles de cicatrizar. Cada quien que siga con sus objetivos, sin olvidar que sólo la unidad partidaria y el fortalecimiento de nuestro gobierno prolongaría al Partido de la Liberación Dominicana más allá del 2020.

De nuevo: Manos a la obra
14 de mayo del 2018

Para el próximo lunes, 28 de Mayo, se ha anunciado por diversos medios de comunicación el lanzamiento oficial del ministro de Interior y Policía, Carlos Amarante Baret, como precandidato presidencial por el Partido de la Liberación Dominicana -PLD-, para el período 2020-2024.

Carlos Amarante, nativo de la provincia Espaillat, es un ortodoxo dirigente peledeista, con una indiscutible influencia en las estructuras partidarias, lo que se expresa con mayor fortaleza en su región y, específicamente, en su región natal. Al mismo tiempo, ha sido un dirigente influyente en la corriente danilista, al punto que siempre se le había visto como la figura principal entre los seguidores del Presidente. Claro, las cosas van cambiando como parte de la dinámica de la vida misma y ahora quien emerge como la figura más cercana al Presidente en la parte política es, indiscutiblemente, el ministro Administrativo, José Ramón Peralta.

La semana pasada el Secretario General del PLD y actual presidente del Senado de la República, Carlos Pared Pérez, también hizo públicas sus aspiraciones presidenciales, a través de una alocución que dirigió a todo el país. Pared Pérez, al igual que Amarante Baret es un dirigente de la más estrecha cercanía del presidente Danilo Medina. Su amplia carrera política en el PLD, en la cual ha ocupado una gran cantidad de posiciones públicas y partidarias, siempre han sido de la mano y con el apoyo del presidente Medina.

Recientemente también hizo públicas sus aspiraciones el dirigente nativo de Santiago de los Caballeros, Francisco Domínguez Brito, renunciando de inmediato como ministro de Medio Ambiente. Domínguez Brito, además de Reinaldo y Amarante, también tiene una amplia labor de servicios en la administración pública, la que comenzó siendo fiscal en su provincia Santiago. Aunque no tiene los vínculos partidarios con el danilismo, como esos dos aspirantes, en los últimos tiempos ha tenido una indiscutible cercanía y vinculación con el Presidente.

En otro sentido, tenemos al presidente del partido y expresidente del país, Leonel Fernández, quien, aunque no ha oficializado sus aspiraciones, todo indica que aspirará a ser nominado como candidato por el PLD en el 2020. El trabajo que vienen haciendo sus seguidores, así como el manejo del propio Leonel Fernández, no dejan ninguna duda, y que el político y abogado marcha claramente y con pasos firmes en esa dirección.

Es posible con en los próximos meses se amplíe el grupo de aspirantes dentro del Partido de La Liberación Dominicana, ya que trabajan para en cualquier momento tomar esa decisión. Lo único que los detiene es tener que abandonar sus posiciones en el tren gubernamental. Es innegable que no es lo mismo sustentar una aspiración desde un espacio de poder, que desde un escenario al margen de esas posibilidades.

En este caso sólo nos queda esperar que todas las piezas se muevan y ajusten al escenario político nacional, lo cual entiendo en el 2019 quedará definido. Este será un año en que todos los aspirantes tratarán de posicionarse, buscando marcar números en las mediciones, que les permitan entrar al escenario electoral con cierto nivel de posibilidades, para poder mantener una aspiración a tomar en consideración por el electorado.

Entiendo que es positivo y sano para la democracia que todo el que aspire a cualquier posición y, en este caso a la Presidencia de la República por el nuestra organización política, ejerza sus derechos constitucionales, para conformar un proyecto presidencial que en un futuro pueda convertirlo en el máximo exponente de la primera magistratura de la nación.

Cada quien estará en libertad de asumir la posición que su conciencia le indique, apoyando al candidato que considere más apropiado para mantener al PLD en el poder, como garantía de que nuestro país siga por los senderos del progreso, el avance tecnológico, educativo, consolidación y crecimiento económico, así como por el fortalecimiento de nuestra institucionalidad.

He tomado la decisión personal de no involucrarme en ninguno de los proyectos presidenciales dentro del PLD. Prefiero mantenerme concentrado en mis labores gubernamentales, trabajando con dedicación y entusiasmo para fortalecer la obra de gobierno de Danilo Medina, desde mi humilde posición, ayudando a gobernar a mi Presidente.

Desde mi óptica y visión ante la vida y la política, considero que debo estar en el lugar apropiado, en el sitio indicado, que es al lado de quien le debo fidelidad. Además, soy de opinión que la única posibilidad que tiene el PLD de mantenerse dirigiendo los destinos del país más allá del 2020, es en la medida que podamos presentar una obra de gobierno que sea aprobada por la mayoría de los dominicanos y las dominicanas.

Mi objetivo, mi meta, mi criterio, mi visión, mi trabajo y todas mis energías, estarán concentradas en contribuir, en la medida de ni alcance y posibilidades, a que realicemos una excelente obra de gobierno. Sólo de esta manera seguiremos obteniendo el apoyo de la mayoría de electores, de los más pobres, de la clase media y los sectores propulsores de la gran economía. Las visitas sorpresas del Presidente son un éxito indiscutible; los resultados están a la vista de todos. A los funcionarios nos corresponde completar esta labor.

¡Manos a la obra!

Peralta y Marchena ante
el exhibicionismo de un narcisismo incipiente
18 de julio del 2018

La comunicación enviada por el ministro Administrativo de la Presidencia, José Ramón Peralta y el Director General de Comunicaciones, Rodríguez Marchena, al presidente de la Cámara de Diputados, Rubén Maldonado, es una aclaración contundente a la acusación que la diputada Faride Raful y otros legisladores del PRM le hacen a los dos funcionarios palaciegos, por los servicios publicitarios contratados y pagados a las empresas CINE& ARTS2013, S.R.L, y POLIS CARIBE, S.R.L.

Ambos funcionarios dejan claro que esas informaciones hace tiempo estaban en manos de los diputados, al ser suministradas a través de la comunicación del 7 de abril de 2017, del Ministerio Administrativo, al legislador Francisco Javier Paulino, y por misiva del 2 de febrero del 2018, de la Contraloría General de la República, a la diputada Faride Raful Soriano.

Establecen en su carta a Maldonado, que en vista de esa realidad, la solicitud de información formulada recientemente por estos diputados al ministro Administrativo de la Presidencia y la denuncia de esa cámara legislativa sobre ese mismo asunto, lo que procuran no es más que una simple ventaja política coyuntural y no un verdadero servicio de transparencia al pueblo dominicano.

Establecen en su comunicación, que la contratación se hizo con estricto apego a las normas legales y de transparencia, amparados en el artículo 6 de la ley número 340-06 sobre compras y contrataciones de bienes, servicios, obras y concesiones, cumpliéndose con todas las formalidades propias para las contrataciones de dichos servicios, su facturación y pago.

69

Aducen Peralta y Rodríguez Marchena en su carta, que los diputados han difundido la falsa información de que el Gobierno, a través del Ministerio Administrativo y la Dirección de Comunicaciones, le pagó la suma de mil cuatrocientos millones de pesos a las empresas CINE&ART2013, y POLIS CARIBE, lo cual es una falsedad, ya que los pagos totales que se les hicieron a las mismas durante los años que prestaron servicios a sus instituciones, incluyendo ITBIS e impuestos, ascendieron a la suma de 430 millones, quinientos seis mil pesos. Lo que refleja, según su aclaración, una mala intención de los referidos diputados, al agregar casi mil millones a las sumas pagadas a las señaladas entidades. Asimismo, desmintieron la información de que dichos contratos siguen vigentes, ya que los mismos concluyeron, el de POLIS CARIBE, el 3 de diciembre del 2015, y el de POLIS ART, el 3 de marzo del 2016. Además, aclaran que no es cierto que al momento de firmar esos contratos, esas empresas eran propiedad de personas acusadas de corrupción, lavado de activos y otros delitos en su país de origen, Brasil, por lo que esas contrataciones eran también ilegales.

Aclaran los funcionarios que los propietarios de esas empresas, los señores Joao Cerqueira De Santana y Mónica Miura, no estaban acusados, ni condenados por ningún delito, ni en el momento que se produjeron las contrataciones ni durante la vigencia de esos contratos, y que los procesos judiciales en su contra comenzaron después que los acuerdos fueron rescindidos. Reiteraron que cualquiera pago realizado después de iniciados los procesos judiciales en su contra y posterior condena, fueron como deudas pendientes por servicios prestados durante la vigencia de dichos contratos.

Concluyen reafirmando su disposición de ponerse al servicio de ese órgano legislativo, en caso de requerir cualquier información adicional sobre ese asunto, y resaltaron su compromiso con la transparencia y el cumplimiento de la ley.

Como queda demostrado en esa comunicación enviada por el ministro José Ramón Peralta y el Director General de Comunicaciones, Rodríguez Marchena, las acusaciones de un grupo de legisladores no tienen fundamento ni responden a la verdad. Son acciones tremendistas de personas que quieren buscar notoriedad política, figureo mediático y, sobre todo, proyectar un EGO que les permita seguir siendo centro de la opinión pública.

Como siempre, la verdad sale a relucir y aquellos que, utilizando mentiras o medias verdades quieren afectar reparaciones, con fines particulares y de coyunturas políticas, quedan desenmascarados, tarde o temprano, como oportunistas, arribistas y actores del sistema. En realidad, lo único que ganan es el exhibicionismo y se arrogan un narcisismo incipiente.

Una reflexión sobre la política
1 de julio del 2018

Cuando una persona toma la decisión de integrarse a la actividad política partidaria, en principio no tiene ni la más mínima idea del mundo en el cual le corresponderá vivir. Generalmente lo hace partiendo de sentimientos, esperanzas y expectativas que en un futuro no muy lejano se estrellarán con la cruda realidad. La política es pragmática y se nutre de realidades, no es cuestión de deseos, sentimientos y emociones.

El tiempo, las circunstancias, las decepciones, las injusticias, las intrigas y demás realidades, poco a poco se van constituyendo en una escuela que te permite entrar a la universidad de la vida. Muchos logran graduarse y convertirse en "políticos", con un profundo dominio de la politiquería, de la demagogia, del arte de convertirse en expertos a la hora de trepar para conseguir sus objetivos y de hacerse arribistas sin escrúpulos.

Estas personas, que nunca se han leído a Maquiavelo, asumen la teoría de que el fin justifica los medios. Sin nunca haberse leído una página de las 48 leyes del poder, aplican la parte negativa y nefasta con que nos orienta Robert Greene en su obra. Además, sin nunca haber leído sobre Joseph Fouche, el nefasto político francés, se convierten en sus discípulos, adquiriendo en la práctica habilidades extremas para conseguir sus propósitos, sin importar el daño personal que puedan ocasionar y a quienes puedan afectar con sus decisiones.

En el tiempo que tengo incursionando en la vida política, un poco más de 40 años, he aprendido tantas cosas, he visto tantas torres que parecían inexpugnables desmoronarse de un día para otro. He sufrido tantas decepciones al ver el cambio que se va produciendo en el ser humano cuando se va curtiendo en el mundo político. He observado el cambio en los sentimientos de esos seres humanos que dan paso de una amistad sincera y auténtica a una relación estrictamente de conveniencia particular.

Eso lo he vivido tantas veces, y reconozco que afecta y lacera mi corazón, aunque luego en el silencio y la reflexión, llego a la conclusión de que quien estaba equivocado era un servidor, por la sencilla razón de crearme expectativas en torno a la política, que no debe estar separada de los sentimientos y emociones. Eso de ver ambos cosas unificadas, la política y los sentimientos, es una pura ilusión que por más de 40 años todavía no me he permitido comprender.

Las personas que me conocen a fondo dicen que soy atípico, ya que quien no actúa en este mundo con un criterio demagogo, arribista, corrupto, trepador y, sobre todo, de ostentación de poder, no busca nada siendo político. Según el criterio de la mayoría de las personas, el político no debe tener escrúpulos, que debe ser capaz de pasar sobre el cadáver de sus mejores amigos si las circunstancias lo ameritan.

Debo admitir que en todo el tiempo que tengo participando en la actividad política, en muchas ocasiones podré haber hecho cosas que no comulgan con mis principios, en medio de un proceso determinado. Cuando nos dejamos dominar por el EGO, podemos afectar amigos, familiares y relacionados; eso es inevitable en un mundo tan convulso y conflictivo como la vida política partidaria. Sin embargo, después de pasada ese situación, siempre he tratado de disculparme y hasta pedir perdón a quien he ofendido.

En verdad es difícil separar la política de los sentimientos y de la espiritualidad, ya que la primera en lo fundamental es incompatible con la segunda. Es muy difícil mantener sentimientos sanos, nobles, una vida con ética y moralmente incólume en este medio, aunque no es imposible. Se puede ser político y mantener buenos sentimientos, aportando y ayudando si las circunstancias lo permiten, trabajando para gestionar cosas que vayan en favor de la conectividad, sin detenerse a observar el beneficio personal.

Puedo decir que en la política hay muchas personas con ese criterio de aportar, de contribuir con causas que favorezcan a las mayorías. Conozco muchas que piensan y actúan en esa dirección, de las cuales, una gran parte han sucumbido a las embestidas que emanan de las cloacas que salen de ese mundo, optando al final por retirarse a la vida privada. Otros hemos continuado sin dejarnos doblegar por los golpes, intrigas y decepciones, asumiendo un papel que en muchas ocasiones nos ha llevado a enfrentarnos al poder y a ser afectados por las consecuencias que de ello se deriva.

Es posible que mi tiempo en la vida política se esté terminando, que la hora de la retirada se avecine, aunque no puedo asegurar el momento, pero no lo veo lejano. Cuando llegue el momento definitivo, me marcharé con la frente en alto, como lo he hecho siempre, aportando en la medida de mis posibilidades, asumiendo mis responsabilidades con firmeza y determinación. Siempre frontal, sin medias tintas, ni indecisiones, con solidaridad y, sobre todo, con algo muy escaso en nuestro mundo: LA FIDELIDAD.

Cuidado con la retaliación política
6 de mayo del 2018

Quien ejerce una función de alto nivel en la administración pública debe actuar con extrema cautela, mucha prudencia, transparencia total y con absoluto respeto a los procedimientos establecidos, tanto por la Constitución, las leyes, decretos y decisiones administrativas, que rigen la institución que dirigen. De lo contrario, podría ser perseguido o ser víctima de retaliación por quienes ejerzan el poder en un momento determinado.

Es indiscutible que la corrupción, tanto en el sector público como en el privado, es parte de la naturaleza humana. La ambición, la falta de ética y principios familiares, así como estar dominado por el arribismo y las ansias de trepar a toda costa, implica olvidarse de los valores, buscando el poder sin importar las consecuencias, aun sea incurriendo en acciones de todo tipo de corrupción administrativa.

Nuestra historia está llena de ejemplos de esta naturaleza, en los cuales decenas de funcionarios han sido procesados por escándalos de corrupción, situación que también se ha dado con frecuencia en distintas partes del mundo, donde, como en el caso de nuestro país, han sido acusados, procesados y encarcelados hasta Presidentes por corrupción.

Sin negar esa amarga realidad que afecta a todos los confines del planeta, es también indiscutible que, en muchas situaciones, se ha actuado con injusticia al acusar y perseguir a funcionarios con el único objetivo de descalificarlos, tanto política como electoralmente, como el caso de Lula, en Brasil, quien, por su popularidad y perspectivas para volver a dirigir esa nación suramericana, ha sido víctima de un complot de la ultraderecha reaccionaria del el país carioca.

Esos sectores cavernarios y corruptos primero fueron detrás de Dilma y lograron descalificarla, al punto de destituirla de la Presidencia, luego, en contubernio con sus fichas en la justicia, en una cerrada votación de 6 a 5 en el Tribunal Supremo, lograron llevar a Lula a la cárcel, como una manera de impedir la indiscutible vuelta al poder del gigante de Suramérica.

Aunque en menor medida estos casos de persecución y retaliación política ocurren en todas partes del mundo, somos testigos de ese tipo de situaciones, en las que, injustamente se trata de fusilar moralmente a algunos funcionarios, con acusaciones infundadas y cuyo único objetivo es su descalificación política y electoral.

Es como aplicar el principio de que si tiramos lodo algo queda, sin importar el daño moral que esto pueda ocasionar, tanto en la sociedad como en su entorno familiar. Generalmente para este tipo de acciones se utilizan francotiradores contratados desde algunos medios, así como las redes sociales.

Por eso deje al comienzo del artículo, que las personas decentes, con principios y honor, deben ser muy cuidadosas cuando detentan un cargo público. En ocasiones el sucesor, por incapacidad o poca experiencia, al no poder mantener el nivel de trabajo y trasparencia de la institución, recurre, para llamar la atención de la opinión pública, al desacredito de la gestión anterior, sin importar para ello los mecanismos, argucias y malas artes que pueda utilizar.

Soy un abanderado y defensor de enfrentar sin piedad la corrupción administrativa, mal endémico que afecta a todas las sociedades, el cual, en muchos casos, impide un mayor crecimiento económico y bienestar de los ciudadanos. Sin embargo, también soy partícipe de que esos casos deben manejarse de manera institucional, sin retaliación ni persecución, ya que de esta manera lo que podría es ocasionar el efecto contrario: Desacreditar la real lucha por la transparencia e institucionalidad sin corrupción.

El peligro de usar el poder para la retaliación es que va alejando de la administración pública a las personas honestas, íntegras y de moral intachable, puesto que en cualquier momento, por no simpatizarle a su superior jerárquico o simplemente a su sucesor en la posición, puede ser víctima de medidas que cuestionen y afecten su dignidad e integridad ganadas en la sociedad, con trabajo, dedicación y honestidad.

Estos hechos me llevan a la conclusión de que quien aplica la retaliación política, oculta sus reales debilidades y utiliza la opinión pública, incluyendo las redes sociales, para confundir.

CUIDADO CON LA RETALIACIÓN POLÍTICA.

La Cámara de Diputados debe
volver a su esencia institucional
26 de julio del 2018

Al terminar la legislatura el 27 de julio, la cual comenzó el 27 de febrero, la Cámara de Diputados sólo logró aprobar 5 proyectos de ley, ninguno de relevancia y ni un solo de la agenda de prioridad nacional, lo que convierte a esta legislatura de 5 meses, en una de la menos productivas de toda la historia legislativa.

El hecho de que ningún proyecto de ley prioritario se haya aprobado, debe ser motivo de preocupación para todos los sectores que inciden en nuestro país, ya que todo indica que se dispendió mucho tiempo en cuestiones ajenas al Congreso, lo que abre el cuestionamiento a las autoridades que saldrán el próximo 16 de agosto.

La función principal del Congreso, además de fiscalizar, es la de producir leyes, que vayan ordenando, organizando y modernizando a la nación, lo que sólo es posible si se trabaja en base a una agenda nacional de prioridades. Todo indica que el tiempo se escapó en hacer turismo interno, visitando provincias para oír demandas y solicitudes de sus habitantes, que no es la función principal de la Cámara de Diputados.

La poca productividad de la Cámara Baja en materia de evacuación de leyes, contrasta con la activa determinación de construcción y remodelación de la planta física, que si bien es importante, no puede estar por encima de las funciones constitucionales de ese órgano legislativo.

Ojalá Radhames Camacho, nuevo incumbente de la Cámara de Diputados a partir del 16 de agosto, conduzca esa institución por un camino diferente, institucional y apegado a sus funciones.

No es posible continuar con el populismo legislativo, que lo único que aporta es cháchara social, figureo y proyección del culto a la personalidad.

Camacho deberá evaluar los errores de su antecesor y concentrarse en producir leyes, sobre todo las que son parte de la agenda nacional, para lo cual lo único que se necesita es tener una visión institucional, estar consciente de hacia dónde deben ir dirigidos los esfuerzos y, sobre todo, tener un mínimo nivel de comprensión de su responsabilidad ante la nación y el mandato constitucional.

Estoy seguro que el profesor Radhames Camacho asumirá la presidencia de la Cámara de Diputados para reorientar a ese órgano legislativo y conducirlo por el sendero que las fuerzas vivas del país esperan.

Profesor, la Cámara de Diputados debe volver a su esencia institucional.

Sobre Nuestra Frontera

Vamos por el desarrollo de nuestro frontera
25 de abril del 2018

El encuentro del presidente Danilo Medina, el 23 de abril, con una serie de instituciones que inciden, de una forma u otra, en la zona fronteriza, constituye un paso trascendental para el desarrollo económico de las provincias de la región, en las cuales existe un alto nivel de pobreza.

La misma Constitución promulgada en el 2010 establece que esa zona del país debe ser declarada de prioridad nacional, al mismo tiempo que indica que la misma será tratará de una manera especial, como una excepción. Los constituyentes, al establecer estos criterios, partieron de una visión ajustada a nuestra realidad nacional.

La frontera que compartimos con nuestro vecino Haití, históricamente ha sido un tema cuyo manejo ha dado como resultado infinidad de conflictos migratorios, los cuales, en muchas ocasiones, son utilizados por sectores conservadores para generar odio y confrontaciones, con su secuela de xenofobia y de búsqueda de posicionamiento político electoral favorable.

Esta campaña ha llegado al extremo de responsabilizar al actual presidente, Danilo Medina, de un problema que nos afecta desde hace muchos años. Cuando todo el que conoce un poco de historia sabe que todo comenzó con la contratación, en la dictadura trujillista, de braceros haitianos para el corte de la caña en los ingenios propiedad del dictador, lo que ha continuado con la adquisición de la mano de obra haitiana de parte del sector empresarial y los terratenientes dominicanos.

Es indudable que el actual mandatario hace grandes esfuerzos para desarrollar las provincias fronterizas, lo que es fácilmente demostrable al comparar lo que es hoy en día esa zona y lo que era hace algunos años. Los hechos están a la vista de todos: hospitales, escuelas, más de 10 millones de préstamos a través del Banco Agrícola para la agricultura, miles de millones para pequeñas empresas por vía de la Banca Solidaria, una gran cantidad de obras viales y el empuje constante para diversos sectores a través de las visitas sorpresas.

Este gobierno ha estado trabajando y priorizando la frontera; los resultados confirman los pasos que se dan en esa dirección, y los que quieren tomar el tema haitiano para fomentar una plataforma política-electoral, sencillamente están errando el tiro y sus pretensiones caerán en el vacío, ya que el Gobierno va por el camino correcto, que es el de desarrollar esa zona en términos económicos, tecnológicos y educativos.

En la medida que se avance en aumentar el nivel de empleos, desde la micro, pequeña y mediana empresa, la zona fronteriza irá afianzado sus niveles de confianza y seguridad, evitando el éxodo de sus habitantes a las grandes ciudades, al tiempo de mantener el espacio para evitar la migración haitiana. Esa es la manera de detener la migración, no es con campañas de odio, agresión y confrontación entre dos países vecinos, que tienen un nivel de intercambio comercial, sólo superado en nuestro País con Estados Unidos.

El encuentro, en el cual participamos como Director Ejecutivo del Consejo de Desarrollo de Proyectos Especiales de la Zona Fronteriza, con el Presidente Danilo Medina y diversas entidades vinculados de una manera u otra con el sector, representa un paso sólido hacia los objetivos de cumplir con el mandato constitucional de priorizar esas provincias. La discusión y los aportes realizados, así como el ánimo y la disposición de aportar a esa causa, son de inconmensurable valor.

Cada institución deberá presentar en 15 días ante el Ministro de la Presidencia, Gustavo Montalvo, quien coordinará todo lo relativo al tema, un informe que establezca los proyectos que tienen en ejecución en esa área, así como una propuesta de planes, programas y proyectos para ejecutar en los próximos meses. La unificación de todas esas propuestas se convertirán en una plataforma de trabajo, supervisados y dirigidos por el ministro de la Presidencia, que de seguro arrojarán resultados favorables al fortalecimiento de nuestra franja fronteriza.

Estas medidas de nuestro Presidente, unidas a las ya tomadas para garantizar un mayor control migratorio, comenzarán a arrojar sus resultados positivos. Es con esas acciones y medidas surgidas de las mejores intenciones, que avanzaremos, para ir resolviendo una situación histórica, heredada de pasados gobiernos, como lo es el espinoso y complicado tema haitiano.

VAMOS POR EL DESARROLLO DE NUESTRA FRONTERA.

Urgente la modificación de la Ley 28-01
10 de junio del 2018

La modificación inmediata de la ley 28-01, que crea el Consejo de Coordinación de Proyectos Especiales de la Zona Fronteriza, es una imperiosa y urgente necesidad, para garantizar la continuidad de ese instrumento legal, que beneficia a las provincias caracterizadas por la marginalidad, el atraso y la pobreza.

Dajabón, Santiago Rodríguez, Montecristi, Elías Piña, Pedernales, Bahoruco e Independencia, podríamos decir que hasta cierto punto la ley 28-01 ha cumplido en parte con sus objetivos, ya que en la región hay instaladas de manera activa 81 empresas, las cuales tienen alrededor de 10 mil empleos y le producen al Estado más de 20 millones de anualmente.

El objetivo de esta ley fue la de incentivar la inversión en las provincias fronterizas, liberando a las empresas que se instalaran en esa zona de una exención de un 100% del pago de impuestos internos, de aranceles aduaneros sobre materias primas, equipos y maquinarias, así como la liberación del pago de un 50% por la libertad de tránsito, uso de puertos y aeropuertos. Todo esto por un período de 20 años.

Esta ley obedece a un mandato constitucional, estableciendo la Constitución reformada del 2010 lo siguiente, en su artículo 10: "Se declara de supremo y permanente interés nacional la seguridad, el desarrollo económico, social y turístico de la Zona Fronteriza, su integración vial, comunicacional y productiva". Además, en el artículo 221 se establece: "La ley podrá conceder tratamientos especiales a las inversiones que se localicen en las zonas de menor grado de desarrollo o en actividades de interés nacional, en particular las ubicadas en las provincias fronterizas".

Es notorio que las intenciones del legislador fueron muy claras y precisas en cuanto a establecer que la ausencia de un programa adecuado de desarrollo de inversión en la zona fronteriza, limita considerablemente la explotación de esos recursos, provocando éxodos masivos, que van produciendo la despoblación creciente de la región, con el consecuente incremento del abandono de importantes fuentes de recursos de la nación, la intensificación de la pobreza y un riesgo de desolación que se convierte en un incentivo permanente para la migración extranjera a esos lugares y espacios, abandonados por sus habitantes.

A esta importante ley sólo le quedan un poco más de 2 años de vigencia, por lo que, de no extenderse el plazo, las provincias fronterizas podrían perder el más importante instrumento de política gubernamental disponible que garantiza su apoyo al desarrollo regional a una zona caracterizada por la exclusión social y económica, a la falta de estructuras productivas modernas y por la desigualdad territorial.

Es justo reconocer el esfuerzo que en beneficio de esa región fronteriza desarrolla el presidente Danilo Medina en los últimos tiempos, lo que ha impactado positivamente esa área, caracterizada por un alto índice de pobreza. Es tan significativo el interés del primer mandatario, que hace unas semanas fue creada una comisión interinstitucional, encabezada por el ministro de la Presidencia, Gustavo Montalvo, para elaborar un plan de trabajo que impacte positivamente en las provincias fronterizas.

Somos de opinión que este plan gubernamental, el que intervendrán varias instituciones para el desarrollo fronterizo, debe ir acompañado de una estrategia dirigida a modificar la ley 28-01, como una manera de que el sector público y el privado vayan de la mano, hasta lograr el rescate definitivo de la región fronteriza, convirtiéndola en una zona moderna y atractiva, que permita a sus nativos regresar a su lugar de origen y de esta manera controlar la migración extranjera, por falta de mano de obra dominicana.

El Consejo de Coordinación de Proyectos Especiales de la Zona Fronteriza elaboró un proyecto de ley que fue entregado a la Comisión de Fronteras de la Cámara de Diputados, el cual, tenemos entendido, ha sido asumido por varios legisladores de la región. Ese proyecto de ley será estudiado por dicha comisión y fundido con otras iniciativas que van en la misma dirección, por lo que esperamos un consenso para su pronta aprobación, y así dotar al país de un instrumento legal fuerte, sólido y moderno, que permita la continuidad de la ley 28-01.

Ese proyecto de ley que presentamos a la Comisión Fronteriza de la Cámara de Diputados, también lo enviamos al poder Ejecutivo y está basado en cuatro pilares fundamentales: 1ro., adecuar la ley 28-01 a las nuevas referencias constitucionales, para armonizarlo con la última modificación constitucional del 2010.

2do., que durante el período de vigencia esta ley han surgido nuevas circunstancias, como es la puesta en vigencia de la Ley No 1-12 de la Estrategia Nacional de Desarrollo(END), que justifica ampliar su contenido.

3ro., que se hace necesario modificar la estructura del Consejo de Coordinación Zona Especial de Desarrollo Fronterizo, para adecuarlo a la realidad actual y hacerlo funcional y, además, para ajustarlo a los preceptos constitucionales.

Y 4to., que como la ley 28-01 concluye su vigencia en 2 años, se hace necesario su modificación, para la ampliación de su plazo por lo menos por otros 20 años.

TENEMOS LA ESPERANZA DE QUE EL CONGRESO MODIFICARÁ LA LEY 28-01, CUMPLIENDO DE ESTA MANERA CON UN MANDATO CONSTITUCIONAL Y, SOBRE TODO, SALVANDO UN INSTRUMENTO AL SERVICIO DE UNA CAUSA NACIONAL, PATRIÓTICA Y DE UNA REGIÓN QUE CLAMA POR SU DESARROLLO Y MODERNIDAD.

El CCDF-MICM y la expo-feria en Montecristi
3 de septiembre 2018

La decisión de realizar la Expo-Feria en la provincia Montecristi estuvo fundamentada en criterios técnicos-estratégicos, ya que de las 80 empresas activas amparadas en la ley 28-01, 46 están en esa comunidad, es decir, más de un 50% de la totalidad.

Esta realidad hace de Montecristi el centro de esta ley y, por lo tanto, del Consejo de Coordinación Proyectos Especiales Zona Fronteriza-CCDF. Claro, además de la parte técnica, está lo relacionado a su historia: Fue en esta provincia donde se firmó el manifiesto de 1895 entre José Martí y Máximo Gómez, para lograr la independencia de Cuba.

Fue en Montecristi, fundada entre 1506 y 1530, donde surgió el primer caudillo que combatió la tiranía trujillista, Desiderio Arias, y donde nació una figura emblemática en nuestro país, un revolucionario, un patriota, un destacado combatiente por la libertad e independencia nacional, que ofrendó su vida para sembrar la semilla de la dignidad, el valor, el decoro y los principios, objetivos dirigidos para lograr una causa noble y justa. Me refiero al inmortal Manuel Aurelio Tavarez Justo.

La decisión que asumimos de realizar la Expo-Feria en Montecristi, del 30 de noviembre al 2 de diciembre, ha concitado un amplio y mayoritario apoyo de todas las fuerzas que componen las provincias de la Zona Fronteriza. Como es normal, nada en la vida es unánime, por lo que algunas voces aisladas han comenzado una campaña en nuestra contra por esa decisión, por entender que debió escogerse otra comunidad.

Eso lo entendemos y aceptamos, es el juego de la democracia, que cada quien quiera que sus localidades sean favorecidas en las acciones que se tomen desde el área gubernamental. El Chauvinismo provinciano es parte de nuestra cultura, aun no existan argumentos sólidos ni técnicos para sustentar sus puntos de vistas. No existen esos argumentos para descalificar la decisión de realizar la Expo-Feria en Montecristi.

Estamos preparados para defender nuestra decisión, y los que entiendan lo contrario, deben buscar razonamientos que demuestren sus planteamientos. En vez de buscar esos argumentos, lo que se ha querido es bajar al nivel de la descalificación, actitud propia de aquellos que creen que esgrimiendo alaridos con críticas malintencionadas, van a lograr algún objetivo. Siento decirles que seguiremos trabajando sin descanso para que la Expo-Feria sea un éxito, por lo que esperamos la participación de todos, sin exclusión y sin discriminación.

Cuando fuimos designados por el presidente Danilo Medina como Director Ejecutivo del CCDF, en octubre del 2017, nos encontramos con una institución débil, que no estaba jugando el rol para lo cual fue concebida, con un presupuesto mínimo y prácticamente desconocida en casi todas las esferas del país. En el poco tiempo que tenemos al frente de la misma, hemos logrado ser reconocidos y también obtenido cierto nivel de autonomía para hacer realidad la esperanza en un área que la misma Constitución la consigna como de prioridad nacional.

En los meses que tenemos trabajando al frente del CCDF, a la institución se le ha asignado un presupuesto razonable; ya tenemos una unidad de compras propia, además se nos aprobó la unidad de ejecución presupuestaria. Esto nos dará independencia y autonomía presupuestaria, lo cual, acompañado de un personal con un nivel técnico, podremos llevar nuestros planes y proyectos hacia adelante.

El CCDF se está sintiendo no sólo a nivel de la Zona Fronteriza, sino de todo el país; ya no somos una cenicienta desconocida, sino una entidad con luz propia, que ha empezado a aportar positivamente en una franja poblacional caracterizada por altos niveles de desigualdad. Vamos a contribuir a bajar esos niveles de pobreza en la frontera, para de esta manera contribuir a bajar el éxodo de sus habitantes hacia las grandes ciudades y, al mismo tiempo, impedir que sigan cediendo terreno a la migración extranjera haitiana.

La Expo-Feria será el relanzamiento de la ley 28-01, que demostrará el aporte de esas empresas amparadas en dicha ley a las comunidades fronterizas. La cantidad de empleos que generan, las riquezas que producen, el impacto económico que representan, lo que necesariamente se convertirá en una alerta, en un llamado, para que desde el Gobierno se produzca un impulso que catapulte esta importante ley de protección fronteriza. El 28 de septiembre tenemos un compromiso en la Gobernación de Montecristi, para dejar constituido el equipo de trabajo que servirá de sostén a la Expo-Feria, al que convidados todos los diputados, senadores y gobernadores de las provincias fronterizas, así como los alcaldes y funcionarios importantes de Montecristi, Dajabón y Santiago Rodríguez.

Nosotros creemos en el trabajo, en el aporte positivo, por lo que todo aquel que entienda puede hacerlo, lo vamos a necesitar en esta actividad. Quien entienda que en vez del trabajo lo que procede es la crítica , también lo vamos a respetar, manifestando, como respuesta, una mayor dedicación, para lograr un éxito rotundo de la Expo-Feria, en la gloriosa provincia de Montecristi y en el parque que lleva el nombre del inmortal Manuel Aurelio Tavarez Justo.

CCDF y DGDF, dos instituciones hermanas
13 de septiembre del 2018

El martes 11 de septiembre sostuvimos un interesante encuentro con nuestro amigo y compañero Tito Bajarán, Director General de Fronteras -DGDF, y el gobernador recién designado Marcos Jorge, en el cual tratamos lo relativo a la Expo-Feria que estamos organizando en el municipio San Fernando, de la provincia Montecristi.

La reunión fue pautada después de una conversación telefónica entre el Director del DGDF y nosotros, con la finalidad de presentarle a éste, junto a nuestros técnicos, los avances en relación a la organización de la Expo-Feria.

Aunque no estaba pautado, coincidió el encuentro con la presencia del gobernador de la provincia Montecristi, lo cual fue de gran importancia para la misma. Nuestros técnicos procedieron a dar una explicación detallada sobre los avances para la Expo-Feria, que podemos resumir de la siguiente manera.

El montaje de la actividad, que se realizará en el parque Manolo Tavarez Justo, está definido, con la contratación de una compañía que se encargará de la realización, como la instalación de tarimas, sonido, luces, techado de un área para 250 sillas, generadores de electricidad, ubicación de los stand, etc. Además, la confirmación hasta el momento de 40 empresas acogidas a la ley 28-01 para participar en la actividad, con sus productos, tanto para exhibirlos como para venderlos a precio de Feria.

Participarán también instituciones gubernamentales, como el Proyecto la Cruz de Manzanillo, Inespre, la Banca Solidaria, FEDA, Agricultura y los Comedores Económicos, que a través de sus móviles facilitarán comida gratis por los 3 días de la Expo-Feria. La inauguración será transmitida en vivo por dos canales locales, con proyección nacional e internacional, a través de las redes.

Se realizarán varias competencias deportivas en varios renglones, para las cuales ya se tienen definidos los trofeos y el apoyo logístico necesario. El acto de inauguración se tiene previsto para el viernes 30 de noviembre, a las 4:00 p.m., y el sábado, a las 3:00 p.m., el ingeniero Temístocles Montás dictará una conferencia magistral acerca del impacto de la ley 28-01 en la Zona Fronteriza.

El domingo 2 de diciembre será el acto de clausura, en el cual se entregarán los trofeos, medallas y premios de los ganadores en las actividades deportivas, así como placas de reconocimiento a personas meritorios de la provincia y a aquellas que se hayan destacado con sus aportes y colaboración en la Feria.

En ese encuentro también se informó de las contratadas para la Expo-Feria, como es el caso de Joe Veras, La Materialista, Divas by Jiménez y Mark B. Además, La participación de dos combos locales, así como grupos folklóricos de las diferentes provincias de la Frontera.

Nuestro amigo Director de la DGDF reaccionó muy positivo después de nuestra presentación, manifestando su disposición de integrarse a la Expo-Feria en todo lo que fuera necesario; fue tal su espíritu de colaboración tal, que mandó suspender una actividad fronteriza que tenían para esa fecha, para participar a tiempo completo en la nuestra.

Le manifestamos a nuestro amigo Tito Bajarán, que lo considerábamos parte de la actividad, desde el comienzo hasta el final. Simplemente le establecimos nuestro deseo de que ellos asumieran un rol de coorganizadores, con iguales responsabilidades, manteniendo la hermandad CCDF-DGDF.

En realidad somos dos instituciones hermanas, con un mismo objetivo, dirigidas por dos danilistas afectivos, amigos y compañeros de mil batallas, que por el vínculo que nos une, debemos trazar juntos los objetivos, que siempre serán fortalecer nuestro Gobierno , marchar al lado del presidente y líder político, el de ambos, DANILO MEDINA.

No quiero terminar este comentario sin darle las gracias y mi infinita gratitud al Presidente y el ministro José Ramón Peralta, por apoyarnos y permitir que este actividad se haga realidad. También a Nelson Toca, ministro de Industria y Comercio, quien estará con nosotros en la organización y participación de la Expo-Feria.

Condiciones Especiales de la Conducta

El sistema educativo y la integración
de estudiantes con condiciones especiales (1 de 3)
23 junio del 2018

Con el inicio del Gobierno del presidente Danilo Medina y con la aprobación del 4% para la educación, es indiscutible que en el país se ha producido un salto cualitativo en materia educativa, cuyo ejemplo se evidencia, aunque todavía es largo el trecho que nos falta por recorrer.

En este artículo no me voy a referir de manera general a los avances y dificultades de la revolución educativa, sino que haré énfasis en lo que tiene que ver con el sistema educativo y los estudiantes con condiciones especiales, específicamente a los que entran dentro del Trastorno del Espectro Autista (TEA), entre los que están los Autistas, Asperger y los afectados por el Trastorno Generalizado del Desarrollo (TGD).

Las estadísticas nos indican que 17 de cada mil niños son diagnosticados con el TEA, de los cuales el 75% son varones, porcentaje que ha ido aumentando significativamente en los últimos 10 años. Aunque no hay una explicación clara sobre las causas de este aumento de niños con el TEA, se presume que hay factores ambientales, de alimentación y sociales.

Los asperger, aunque están dentro del espectro del TEA, se consideran en el nivel mínimo del autismo, caracterizándose por tener un nivel de inteligencia por encima de lo normal y por no experimentar problemas en el lenguaje, lo cual hace que en muchas situaciones sea difícil el diagnóstico. Claro, que al igual que los neurotípicos, cada asperger es único y diferente.

Además de tener un trastorno neurobiológico, el asperger se comporta de una manera que, al entrar a la escolaridad, son confundidos y etiquetados como niños raros. Esta dificultad implica que sean objetos de burla, con la consecuente frustración y abandono de la vida académica en una gran proporción.

Por eso es vital que un niño con asperger sea diagnosticado a temprana edad, lo que permitiría un manejo apropiado al iniciar su vida escolar. Este diagnóstico es la garantía para que el centro educativo y sus profesores puedan darle un seguimiento personalizado, sin que esto implique un privilegio, sino un trato adaptado a una realidad que hace a esos niños diferentes a los neurotípicos.

Una persona con la condición de asperger es un ser humano igual a cualquier otro, con la diferencia de que por una situación neurobiológica, tiene un comportamiento acorde a las señales que le envía su cerebro. Esa conducta del asperger se caracteriza por dos aspectos fundamentales: Una gran dificultad para socializar y una característica de tener intereses restringidos.

La dificultad para socializar, aun con el deseo de hacerlo, lo aísla del mundo, lo cual tiene mayor significado en el desarrollo escolar, lo que unido a sus intereses restringidos, provoca a menudo frustraciones, depresiones, ataques de irá y otros sentimientos negativos.

En nuestro país a nivel educativo todavía estamos en pañales para manejar estos niños con condiciones especiales, tanto asperger como con otros trastornos de la personalidad. En una gran proporción, el profesorado no tiene la información requerida de lo que es el TEA, lo que dificulta las herramientas para enfrentar positivamente estos casos, aunque tengan las mejores de las intenciones.

En los países más avanzados de Europa y en Estados Unidos se cuenta con aulas especiales, así como un profesorado calificado para estos estudiantes. Sin embargo, el promedio de niños con el TEA que llega a las universidades es de un 6%, siendo una cantidad mínima la que puede titularse, casi siempre en un tiempo que duplica a la de los demás estudiantes.

Si esto ocurre en los países más avanzados del planeta, que al manejar estudiantes con condiciones especiales arrojan estos resultados, ¿Cuál será la situación de nuestro ´país, con un sistema educativo en el que no se cuenta con una estructura mínima y los conocimientos elementales para lidiar con niños en estas condiciones?

El análisis de nuestro sistema educativo y el manejo de estudiantes especiales lo trataré en una próxima entrega.

El sistema educativo y la integración
de estudiantes con condiciones especiales (2 de 3)
19 de junio del 2018

Es impostergable que el Ministerio de Educación, que dirige el distinguido profesional Andrés Navarro, comience a elaborar un plan estratégico para estudiantes con condiciones especiales, lo que colocaría al país en condiciones parecidas a otras naciones del área en relación al tema y en el camino de ir asumiendo la experiencia de países de Europa, Asia y de Estados Unidos.

Cuando hablamos de estudiantes con condiciones especiales nos referimos a aquellos que están afectados por el Trastorno del Espectro Autista (TEA), a los que tienen déficit de desatención con imperactividad, o una de las dos condiciones. Además, hablamos de los que tienen problemas de aprendizaje, retraso mental o inmadurez cerebral.

Dentro de esa amplia gama de estudiantes especiales, también tenemos los que tienen el Trastorno Obsesivo Compulsivo (TOC), el de la Personalidad Narcisista, el de la Personalidad disociativa, también los que están afectados por problemas audiovisuales o simplemente tienen cualquier otro tipo de discapacidad física.

Si pasamos un balance sobre la capacidad de nuestros centros educativos, sería innecesario profundizar mucho sobre ellos, para llegar a la conclusión de que no existen las mínimas condiciones para manejar estos estudiantes con características particulares, que los hacen diferentes a los demás y que, por lo tanto, ameritan un tratamiento personalizado.

No podemos soslayar el problema del promedio de estudiantes por aulas, que en la mayoría de centros educativos supera el número para ser manejado adecuadamente por un solo profesor, dificultad que se acrecienta cuando en esas aulas tenemos estudiantes que ameritan un trato personalizado.

Esta atomización en la mayoría de aulas de nuestros centros educativos, unido a la falta de una preparación apropiada, tanto académica como psicológica, hace imposible que se le pueda dar un tratamiento adecuado y un seguimiento personalizado a estos seres humanos que, sin proponérselo, son seres únicos y especiales.

Esos estudiantes ameritan un tratamiento diferente, y para eso es necesario dotar nuestras escuelas y universidades de las condiciones mínimas requeridas. Es imprescindible en primer lugar, que el órgano rector haga conciencia sobre eso, para que pueda transmitirlo a los directores de cada centro educativo y éstos, a la vez, a los profesores, como responsables directos del manejo del estudiantado.

Mientras se mantengan los mismos esquemas no inclusivos y discriminatorios, seguiremos teniendo un nivel desproporcionado de deserciones de estudiantes con algún nivel de discapacidad física o mental, así como por estar afectados por alguna condición de la personalidad. Estos educandos, en su gran mayoría, son afectados por el bullying, lo cual provoca frustración, depresión, miedo y, como consecuencia natural, abandono de la vida académica.

Es tiempo de que se le comience a prestar a esta situación la debida atención, empezando por educar a los docentes sobre el tema, y que el Ministerio de Educación dedique parte del 4%, para crear una plataforma que permita adecuar los centros educativos, para elevar el nivel de tratamiento, como se merecen nuestros jóvenes estudiantes con condiciones especiales.

También se hace necesario que los familiares de estudiantes con estas condiciones, comiencen a hacer consciencia sobre la situación, dándole seguimiento al centro educativo y a los profesores, para que de una manera conjunta ir resolviendo las dificultades que inevitablemente se irán presentando.

Mi recomendación a todos los padres y madres que tengan hijos en estas condiciones es que se asesoren de un profesional del área, preferiblemente un psiquiatra, para que le haga un diagnóstico correcto, el cual debe ser presentado al centro educativo, y de esta manera exigir un trato ajustado a esa realidad, sin privilegios, menos aún, sin exclusión ni discriminación.

El sistema educativo debe de ser inclusivo, brindándole a los estudiantes con condiciones especiales la oportunidad de ajustarse a las normas que imperen de manera general, sobretodo entendiendo las características propias de estos estudiantes.

Si bien el sistema educativo debe jugar su rol, todavía es más importante la actitud que asuma el entorno familiar, con su amor, dedicación y comprensión para manejar las dificultades propias de estos casos. Es vital hacer conciencia para conducir por el camino correcto a quienes la vida les regaló el don de ser seres especiales.

El sistema educativo y la integración
de estudiantes con condiciones especiales (3 de 3)
16 de junio del 2018

Recientemente la Organización Panamericana de la Salud -OPS- emitió declaraciones en las que establece que el 30% de la población en República Dominicana tiene algún tipo de discapacidad, sea física o sensorial. Según esa prestigiosa institución internacional, estaríamos hablando que en nuestro país existen más de 3 millones en esas condiciones.

La OPS, al dar la información, hace un llamado a que se creen las condiciones para insertar a las personas de condiciones especiales a la sociedad, permitiéndoles ajustarse a la vida, sin exclusiones ni discriminación. La preocupación de esa prestigiosa organización coincide con los artículos que he estado escribiendo en Costaverdedr, sobre los estudiantes con condiciones especiales y su integración al sistema educativo.

Si como afirma la OPS, tenemos en nuestro país más de 3 millones de personas con alguna discapacidad, podemos llegar a la conclusión de que más de 300 mil deben de ser estudiantes a nivel primario, secundario y universitario, lo que fortalece nuestro criterio sobre la importancia de que el Ministerio de Educación empiece a trabajar para darle la cara a esta situación.

Como hemos afirmado en los artículos anteriores, nuestro sistema educativo no ha creado la plataforma para garantizar que los estudiantes con condiciones especiales puedan ser tratados acorde a su realidad. En los centros educativos lo que predomina es un criterio excluyente, lo cual no permite que esos estudiantes sean tratados con el derecho a la igualdad dentro de la diversidad.

Esa lamentable situación es causante de miles de deserciones de estudiantes especiales, algunos por frustraciones, otros por bullying y los que sencillamente son apartados de los centros educativos bajo el alegato de bajo rendimiento académico.

Esta afirmación la puedo hacer de manera categórica, ya que en mi familia conozco varios casos con diagnósticos de Asperger, lo que me ha motivado a estudiar a fondo esta condición neurobiológica, que crea dificultad para socializar y tener intereses restringidos, aunque colateralmente arrastra otros fenotipos, que afectan la motora fina, la capacidad de expresar sentimientos, la frustración ante cualquier fracaso, la visión literal de las cosas y la resistencia a los cambios.

Todos los asperger son únicos y diferentes, dependiendo del grado de inteligencia, el entorno social y, sobre todo, de la capacidad de la familia para entenderlos y conducirlos correctamente hacia una sociedad, lo cual he aprendido con la experiencia y, al mismo tiempo, es lo que me motiva a tocar públicamente el tema, hasta cierto punto poco comprendido en el sistema social y en el educativo.

Es tan poco comprendido este tema, que hace pocos días, uno de mis familiares diagnosticado con Asperger fue expulsado del colegio donde estudia, por bajo rendimiento académico. Ustedes pueden imaginarse el nivel de una decisión de esa naturaleza, el daño y la frustración permanente que podría afectar a ese joven. Este es un caso que nos llega directamente, por lo que de seguro es algo que ocurre a diario en muchos centros educativo.

Eso no lo vamos a permitir; se recurrirá a todos los mecanismos internos de ese colegio y luego, si no responden como debe de ser, usaremos el recurso de amparo ante un tribunal de primera instancia. Lo penoso es que ocurran todavía en nuestro sistema educativo esas situaciones, que pueden llevar a un joven con una condición especial no sólo a la frustración, sino a cualquier acción lamentable.

Seré un ente de vigilancia y denuncia a favor de que se establezcan en nuestro país las condiciones mínimas que conviertan a los centros educativos en entidades incluyentes, donde no se discrimine por condiciones físicas o sensoriales a los estudiantes, al tiempo que eso no se quede en la cúpula de las escuelas, colegios y universidades, sino que los profesores sean educados y orientados correctamente, para aplicar el principio de la igualdad dentro de la diversidad.

Rain Man
21 de septiembre del 2018

Rain Man es una película estrenada en 1988, que ganó el Oscar como la mejor del año, mejor director y mejor actor, distinción última que recayó sobre Dostin Hoffman, que realizó el papel de un autista genio.

En esa época no se tenía mucho conocimiento sobre el trastorno autista, y el filme cinematográfico creó cierta confusión en ese sentido. Se entendió que todos los autistas eran como el de la película, lo que está alejado de realidad, ya que aun dentro del Espectro Autista, todos son diferentes, dependiendo mucho de su coeficiente intelectual y capacidad cognitiva.

Hace unos días estuve leyendo un libro escrito por Daniel Tammet titulado " Nacido en un día azul. Memorias de un genio Autista", lectura que me permitió comprender muchos aspectos del autismo, puesto que su autor es una persona con esa condición, lo que le imprime a la obra elementos que sólo alguien con esas características puede hacerlo.

Daniel relata que fue diagnosticado a los 26 años como un Autista Savants, por tener capacidades cognitivas extraordinarias, siendo sinestésico y teniendo el síndrome del sabio. Conoció al autista que encarnó Dostin Hoffman, en Rain Man, el cual tenía las mismas características que él.

Los Autistas Savants son muy escasos, uno entre miles, diferenciándose de los demás por tener un cerebro conformado de una manera muy especial. Por ejemplo, Daniel está en el libro Guinness por haber durado más de 5 horas recitando decimales del número Pi y de aprender un idioma en una semana.

Según las últimas estadísticas, el 50% de los autistas tiene retraso severo y un 30% algún nivel de retraso, estando en muchos casos, como es el de Daniel, relacionados a otras situaciones, como es la epilepsia. Además, cuando son de bajo funcionamiento, tienen problemas con el lenguaje.

Los autistas de alto funcionamiento y los Asperger, aún estando dentro del Espectro Autista, se diferencian en que no tienen dificultad con el lenguaje, poseen un coeficiente intelectual por encima del promedio y, en gran porcentaje, nunca son diagnosticados, cursando el ritmo de la vida como seres diferentes.

Todos los que están dentro del Espectro Autista, sean de bajo o alto funcionamiento, o Asperger, aún teniendo cada cual sus características propias, como la tienen los neurotipicos, se caracterizan por lo siguiente: Dificultad para socializar, intereses restringidos, incapacidad para manifestar emociones o sentimientos, rechazo a los cambios repentinos, problemas con la motora fina, sorpresas que les dan la sensación de imposición, etc.

El Aspectro Autista constituye la condición con mayores dificultades para tener un trabajo de tiempo completo, logrando esto sólo un 12%, mientras los pertenecientes a otras condiciones tienen un 50% de promedio y los neurotipicos un 80%. Esto se explica por la gran dificultad para trabajar en equipo, adaptándose a reglas y normas que sus problemas neurobiológicos ocasionan.

Todavía es más sorprendente el promedio de jóvenes pertenecientes a esta condición de autista o Asperger, que logran ingresar a una universidad, siendo más llamativo el hecho de que menos de un 5% logra terminar una carrera de altos estudios. La mayoría termina realizando trabajos desde su casa o en alguna empresa familiar.

A través de este artículo quisiera llamar la atención, para que se le preste mayor cuidado a los niños cuando comienzan a manifestar esos síntomas, ya que un diagnóstico a tiempo permite darle un manejo más apropiado a esa realidad, principalmente en la escuela, donde normalmente son víctimas de burlas y catalogados de raros y antisociales.

El Asperger es más difícil de diagnosticar, pues por su nivel intelectual y su tono de hablar fluido, se confunden con un niño tímido o introvertido, que se obsesiona con algo. Por eso cuando usted note que su hijo no actúa como un neurotipo, sino que prefiere e interesa por cosas fuera de su edad, que no quiere socializar, que le molestan los cambios y que pasa mucho tiempo ensimismado en sus pensamientos, visite un profesional de la conducta.

Un diagnóstico a tiempo es la mejor medicina, que muchas veces por prejuicios o negación no se quiere admitir. Asuman el criterio de que es mejor buscar ayuda con un psiquiatra del área, que luego lamentarse por el tiempo perdido.

Rain Man 2
24 de septiembre del 2018

Cuando escribí el artículo "Rain Man" no imaginé que iba a tener tantas reacciones, inquietudes e identificación con el tema, lo cual indica la gran cantidad de personas que, de una u otra manera, directa o indirectamente, se relacionan con el Espectro Autista, situación que me motivó a una segunda entrega, en la que trataré de profundizar en la parte emocional y las consecuencias que de ella se derivan.

El Espectro Autista es muy amplio, por lo que trataré de diferenciar a los de bajo funcionamiento, los de alto funcionamiento y los Aspergers.

Los de bajo funcionamiento por lo general tienen retraso mental y dificultad en el lenguaje, lo que implica un gran esfuerzo, dedicación y tensión de parte de sus familiares, así como una gran inversión económica para los medicamentos y la terapia, necesarios en estos casos.

Sólo una familia que tenga un niño con autismo de bajo funcionamiento puede comprender lo que esto significa, el tiempo y el amor que debe anidar en su corazón para manejar a diario con esta discapacidad, ya que en ocasiones se pueden tornar agresivos y violentos, agrediendo a sus familiares cercanos. Por eso en estos casos es imprescindible, además de los medicamentos y la terapia, una gran dosis de comprensión, paciencia y AMOR.

A diferencia de los autistas de bajo funcionamiento, los de alto funcionamiento pueden no tener dificultad con el lenguaje, aunque el tono lento los puede identificar con ese trastorno. Estos autistas no tienen retraso mental, no son agresivos y pueden hasta obtener un título universitario. Algunos pueden ser Savans, como el que representa Dostin Hoffman en Rain Man, verdaderos genios, capaces de decirte por tu fecha de nacimiento qué día naciste, o simplemente recitarte sin pausas 26 mil decimales del número Pi, por más de 5 horas.

Como podeis notar, el mundo del autismo es muy variado, teniendo cada persona con esta situación su propia particularidad, coincidiendo en algo común, su dificultad para socializar y sus intereses restringidos, ya que viven en su propio mundo. Por ejemplo, hay autistas que pueden llegar a ser independientes, valiéndose por sí mismos, como es el caso de Daniel, quien escribió "Nacido un día azul". Pero hay otros, que aun siendo genios, jamás pueden llegar a valerse por sí mismos, como es el caso del autista que encarnó Dostin Hoffman en dicha película.

Dentro del Espectro Autista están también los Aspergers, quienes, aunque tienen dificultad para la socialización e intereses restringidos, no presentan dificultad en el lenguaje y su inteligencia está normalmente por encima del promedio. Esta situación que los favorece puede convertirse en algo peligroso, ya que su diagnóstico es muy difícil, a menos que sea por un profesional con especialidad en esa área.

El Asperger no se diferencia tanto del neurotípico, parece una persona normal, sólo que introvertido y obsesivo. Su dificultad para socializar se confunde con una persona tímida y, sus intereses restringidos, con alguien raro, como se etiquetan los niños cuando se inclinan por cosas que no son propias de su edad. Por esta razón, la gran mayoría de Aspergers no es diagnostica, por lo que se enfrenta a una sociedad que no la entiende y muchas veces la rechaza.

Los Aspergers, por su alto nivel de sensibilidad, su sanidad espiritual y su ingenuidad, son proclives a las decepciones y frustraciones, con su consecuencia natural, la DEPRESIÓN. La condición de Asperger y la depresión están íntimamente ligadas, por lo que es de vital importancia un diagnóstico temprano para evitar consecuencias inesperadas.

Insisto en que es de trascendental importancia un diagnóstico a temprana edad para que el Asperger aprenda a conocerse, entienda que su forma de ser obedece a una condición neurobiológica, que al margen de sus deseos, el cerebro le envía señales que hacen que sean diferente a los neurotípicos, y si lo comprenden, sabrán manejar esas situaciones y de esa manera enfrentar correctamente las depresiones.

En cambio, cuando no hay diagnóstico, se puede incurrir en graves errores con los Asperger, tratándolos, tanto en su vida familiar como académica, como a una persona sin ninguna condición. Si hay un diagnóstico las cosas son más fáciles, ya que en el hogar toda la familia está consciente de la situación y en la escuela, con la información, pueden manejar el caso con mayor nivel de prudencia y comprensión.

Conozco varios casos de Aspergers en adultos, que se mantienen viviendo en su hogar familiar, otros se quedan en negocios familiares y la mayoría prefiere trabajar desde su casa, aún hayan logrado formalizar una familia. Por esto es que entiendo lo importante que es hacer conciencia de estos casos, ya que si son mal manejados, pueden provocar a seres inofensivos un nivel de sufrimiento que, en muchos casos, desembocan hasta en el suicidio.

El sistema educativo en el país debe dedicarle una atención especial a estos casos, creando mecanismos que permitan darles un trato especial a los autistas de bajo funcionamiento, por lo costoso de su tratamiento. Además, tener profesores especializados para manejar los casos de Asperger, evitando, de esta manera, una gran deserción escolar en estos jóvenes.

Al margen de toda la parte que tiene que ver con el manejo médico y académico de todos los que están dentro del Espectro Autista, estoy convencido que, sobre todo, lo más importante es el AMOR que podamos darles.

El Asperger es un neuroatípico
30 de septiembre del 2018

Hasta el 2014 el Asperger era considerado dentro de los Trastornos Generalizado del Desarrollo, lo cual fue variado en la quinta edición del DSM-5, pasando a considerarlo dentro del Espectro Autista. El DMS son las siglas del Manual Diagnóstico y Estadístico de los Trastornos Mentales, publicado por la Asociación Estadounidense de Psiquiatría.

Esta nueva denominación del Asperger por parte del DMS-5 ha traído múltiples discusiones, por sectores que entienden que si bien es cierto que los Aspergers tienen un toque de autismo, por sus problemas de socialización e intereses restringidos, no es al nivel para considerarlo dentro del mismo Espectro. De ahí que es posible que en la próxima edición del DMS-6, sea considerado como una condición y no como un trastorno.

Desde mi punto de vista, el Asperger es una zona gris donde por un lado se acerca al autismo de alto funcionamiento y por otro se mezcla con los neurotípicos, lo que en muchos casos hace imperceptible esa condición. Esa es la razón de que la mayoría de personas con Asperger nunca son diagnosticados, teniendo que vivir en un mundo a su manera, lo que le ocasiona profundos sufrimientos, al no ser comprendidos y por lo tanto tratados adecuadamente.

Ésta es la razón por la cual insisto en este tema, porque frecuentemente me encuentro con personas que por sus características podrían estar dentro de este espectro, tratados como seres inadaptados, anti-sociales, raros etc. simplemente por nunca haber sido diagnosticados y sus familiares no tener la más mínima idea de cómo manejar esa situación.

Conozco un caso de una persona muy cercana, con un hijo de 40 años que todavía vive con ellos, un típico caso de Asperger, pero nunca diagnosticado. Esa persona me ha comunicado su sufrimiento, ya que tiene una gran presión para que saque su hijo de la casa, presión de familiares y amigos. Estoy convencido que es Asperger, por lo que he tratado de explicarle las manifestaciones de esas personas, por lo que obligarlo a abandonar el hogar podría llevarlo a una depresión de tal magnitud, de consecuencias devastadoras.

También conozco de varios casos de niños y adolescentes, del martirio que viven en las escuelas, el bullying de que son víctimas y las medidas injustas que por ignorancia muchas veces adoptan profesores. Ésta es la causa de la gran deserción escolar de estos jóvenes, estableciendo las estadísticas que un porcentaje muy bajo llega a las universidades y menos de un 5% logra alcanzar un título académico. Esto, unido a que sólo un 12% tiene un trabajo a tiempo completo, obliga a que se tomen medidas para mejorar significativamente ésta triste realidad.

La importancia que tiene detectar a temprana edad ésta condición neurobiológica, es que puede permitir un manejo apropiado, con ayuda profesional y sobre todo, desde la familia crearle un entorno favorable, que sin él notarlo, le permita avanzar por la vida, con la mayor normalidad posible y con el menor sufrimiento que sus limitaciones le impongan.

Si conocemos que una persona es Asperger desde su niñez, siempre hay que vigilarlo de manera discreta, ya que en determinado momento, por una frustración, pueden reaccionar de manera repentina, lo cual puede provocar incidentes donde es obligatorio la intervención familiar.

En la escuela, por sus problemas de socialización y gran timidez, pueden ser acusados por los profesores de no prestarle atención, asumiendo medidas represivas, que lo único que logran es aumentar la frustración y el deseo de abandonar el centro educativo.

Cuando llegamos a conocer a fondo un Asperger, nos damos cuenta que por ser literales, el cambio repentino, sin prepararlos, le produce un profundo sufrimiento, lo mismo que las sorpresas, por lo que siempre es oportuno prepararlos para cualquier visita a la casa, aún sea de una persona que aprecien y quieran. Esto sencillamente por estar el cerebro programado para mandar esas señales, es algo que le impone ver la vida de esa manera, por eso son diferentes, por eso la condición tiene una base neurobiológica.

Otro aspecto que debe observarse en el Asperger, es la facilidad con que se decepciona, lo cual lo conduce a estados depresivos, que hay que darle seguimiento, para evitar lleguen a niveles que pongan su vida en peligro. Estos seres son ingenuos, confían mucho en las personas, son bondadosos, muy fieles y con un alto grado de dependencia emocional de su familia y sobre todo de su pareja, cuando logran conformar su propia familia.

Ese nivel de dependencia emocional los convierte en muy vulnerables, aunque los golpes lo hacen ir aprendiendo a crear mecanismos para continuar su vida. Los Asperger en la medida que van madurando aprenden de los neurotípicos, llevando una vida normal, lo cual va a depender mucho de su inteligencia y el entorno que lo acompaña, principalmente de la capacidad de su pareja para comprender su condición.

Tener la condición de Asperger es positiva cuando se conduce correctamente, ya que su obsesión por tener intereses restringidos, lo hacen ser persistentes, perfeccionistas y decididos a lograr sus objetivos. Tenemos ejemplos para ilustrarnos sobre Aspergers que han logrado colocarse en lugares especiales en la vida, para sólo citar algunos: Billy Gates, Einstein, Mozart y Steve Jobs.

Por eso concluyo este artículo diciendo, que EL ASPERGER ES UN NEUROATIPICO.

También esto pasará
27 de mayo 2018

Cuán equivocados estamos cuando creemos que las cosas son permanentes, lo que nos lleva a aferrarnos a los momentos de felicidad como a los momentos de desdicha. Cuando vengan, agradece; cuando se vayan, agradece también; pasará muchas veces, por lo que no juzgues; simplemente vives esas situaciones. Porque eso también pasará.

Es importante entender que nada es para siempre, que es necesario permanecer tranquilo, sin perturbaciones, pues como hay momentos de alegría, los habrá alternamente de tristeza. Eso debemos aceptarlo como parte de la dualidad de la naturaleza, como son todas las cosas.

Cuando logramos colocarnos simplemente como un observador, como un testigo, tendremos conciencia de que todo es pasajero, de que el éxito vendrá y con él el fracaso. Sólo eso impedirá no apegarnos a ningún momento porque sea hermoso y tampoco alejarte porque sea desgraciado. Disfruta el presente a plenitud, colocándote en un lugar desde el cual puedas observar ese cambiante fenómeno, con tranquilidad y sin perturbaciones.

Para fundamentar esta visión sobre el sentido pasajero de las cosas, tanto del éxito, la felicidad y el fracaso, voy a contarles una historia sufí.

Un rey convocó a todos los sabios de la corte para anunciarles que estaba haciendo un anillo para el cual contaba con uno de los mejores diamantes, en donde quería ocultar un mensaje que le fuera útil en tiempos de gran desesperación. El mensaje debía ser breve para que pudiera ocultarse bajo el diamante del anillo.

Ninguno de los sabios y eruditos del reino pudo lograr cumplir con la petición del rey, de resumir en dos o tres palabras un mensaje que lo ayudara en una situación de tribulación. Entonces apareció el sirviente del rey, que también lo había sido de su padre y quien le dijo que eso sólo podía hacerlo un místico. Que en una ocasión un místico visitó el palacio y, al marcharse en gesto de agradecimiento, le dejo ese mensaje.

El sirviente lo escribió en un pedazo de papel, lo dobló y le pidió al rey guárdalo en el anillo y sólo abrirlo cuando todo lo demás te haya fallado, cuando no exista salida. La ocasión llegó pronto, ya que el reino fue invadido y cuando el rey era perseguido y se encontraba al borde de un precipicio, sin salida aparente, recordó el anillo, lo abrió y ahí estaba el mensaje, de enorme valor: "TAMBIÉN ESTO PASARÁ".

Los enemigos que lo perseguían se perdieron en el bosque, el rey muy tranquilo y agradecido de su sirviente y el místico desconocido, dobló el papel, lo puso de nuevo en el anillo y reconquistó el reino. Pensó que esas palabras fueron milagrosas y el día que entraba a la capital victorioso, hubo una gran celebración, música, baile y el rey se sentía muy orgulloso de sí mismo.

El viejo sirviente caminaba al lado de la carroza en medio de la celebración. Le dijo al rey: "Esta ocasión es también propicia: mira de nuevo el mensaje". Éste le dijo que eso no tenía sentido, que tenía la victoria, que no estaba en una situación que no hubiera salida, que no estaba desesperado. El viejo le dijo; "Escucha, esto fue lo que el santo me dijo. Este mensaje no es sólo para la desesperación; también es para el placer. No es sólo para cuando estés derrotado; es también para cuando estés victorioso: no sólo cuando eres el último, sino también cuando eres el primero".

El rey abrió el anillo, leyó el mensaje: "TAMBIEN ESTO PASARÁ". De repente la misma paz, el mismo silencio, en medio de la multitud jubilosa, que celebraba y bailaba; pero el orgullo, el EGO, se había ido. TODO PASA.

El rey pidió a su viejo sirviente subir a su carroza y sentarse a su lado. Le preguntó. ¿Hay algo más?. Todo pasa... Tu mensaje ha sido de inmensa ayuda.

El Viejo respondió. La tercera cosa que el santo dijo fue: "Recuerda, todo pasa. Sólo tú permaneces; permaneces para siempre como testigo".

Recuerden amigos lectores ésta enseñanza y excelente mensaje: EN LA VIDA LA FELICIDAD, LA ALEGRÍA, LA TRISTEZA Y LA DESDICHA: TAMBIEN PASARÁN. VIVE EL MOMENTO CON TODOS TUS SENTIMIENTOS Y EMOCIONES, PORQUE TODO ES PASAJERO Y NADA ES PERMANENTE.

Sobre la Mente y la Espiritualidad

El arte de comprender la mente humana
11 de mayo del 2018

La mente del ser humano tiene la característica peculiar de querer siempre más; jamás está conforme con lo que obtiene; entiende que merece cosas adicionales a las ya conseguidas, razón de su parloteo permanente, de su inquietud y, sobre todo, de su ambición sin límites.

El constante flujo de pensamientos es lo que hace imposible la tranquilidad espiritual, la paz y serenidad emocional. Esa es la real causa de la ausencia de fidelidad y felicidad, ya que la mente siempre indica que mereces un extra a lo que vas formando como parte del patrimonio personal.

Esa inconformidad con la vida misma te impide disfrutar lo que tienes, en cambio, anhelas lo de los demás; es algo complicado, lo que impide que disfrutes a plenitud al momento, el presente, el ahora, el ya mismo. Es como una carrera desenfrenada que nunca termina y que en cada situación va creciendo y aumentando en intensidad.

Sólo hay una oportunidad de detenerte y es cuando te ubicas como testigo de tu propia mente y haces conciencia de esa realidad. Sólo el hacerte consciente te hace comprender, detenerte y dedicarte a disfrutar lo que tienes, mucho o poco, no importa, y ser agradecido con la vida, tener GRATITUD sin reservas , y seguro que la vida te premiará con deferencia.

En esa dirección voy a narrarles dos cuentos Zen, que nos ilustran sobre esa desenfrenada carrera de la mente humana hacia la ambición, y con ello de manera colateral hacia la deslealtad. Veamos:

El primero se refiere a un mendigo que llegó a las puertas de un palacio y quien por casualidad se encontró con el rey que salía a dar su paseo matutino. El mendigo le mostró al rey un cuenco para limosna y le dijo: puedes llenarlo con lo que quieras. El rey, con arrogancia, aceptó el desafío y envió al primer ministro a buscar monedas de oro. Llenaban el cuenco de monedas y al momento estaba vacío, lo cual repitieron hasta que las arcas del palacio quedaron sin nada.

El rey admitió que el mendigo lo había derrotado, por lo que le pidió le diera el secreto del cuenco mágico. Ante todo el pueblo reunido alrededor del palacio, el mendigo le dice que no hay ningún secreto y le establece que el cuento es el cráneo de un hombre. El rey dice que no entiende, a lo que el mendigo replicó:

"Nadie lo entiende. En el cráneo de un hombre está su mente. Echas cosas y más cosas dentro y todo desaparece. Siempre pide más, siempre está vacía. Es una mendiga y eso no se puede cambiar. Lo único que puedes hacer es comprenderlo y entonces cambiarlo".

El otro apólogo es el del picapedrero.

Se trata de un hombre cuyo oficio era picar piedras, lo que implicaba mucho trabajo y poco dinero. Se quejaba mucho de su trabajo y en una ocasión exclamó: "Ojalá fuera un hombre rico y pudiera descansar en un diván con una colcha de seda". Y bajó un ángel del cielo y le dijo: "Eres lo que has dicho".

El hombre rico, con su diván y colcha de seda, en una ocasión observó pasar un rey con su séquito y una caballería detrás, lo cual lo hizo enfadar, y exclamó: "Si yo fuera el rey". El ángel le dijo: "Eres lo que has dicho". Se convirtió en rey y en su trayecto se quejaba de que los rayos del sol le quemaban la cara, considerándolo más poderoso que él, por lo que quiso ser el astro rey. El ángel de nuevo le dijo: "Eres lo que has dicho". Y se convirtió en sol.

El sol diseminaba sus rayos en todas direcciones, pero una nube se interpuso, a la cual consideraba más poderosa que él y deseó ser esa nube. El ángel de nuevo le dijo: "Eres lo que has dicho". Entonces la nube comenzó a derramar copiosos aguaceros, que provocaron grandes inundaciones, resistidas solo por una roca que no cedía a las tormentas. La nube reaccionó con furia y dijo que esa roca tenía más poder que ella, por lo que le gustaría convertirse en ella. El ángel lo convirtió en la roca y no se movió ni cuando brillaba el sol ni cuando llovía.

Entonces apareció un hombre con un martillo y una gubia para arrancar trozos de la roca, y la roca se preguntó: ¿"Como será posible que el poder de este hombre supere el mío y me arranque trozos?". Dijo entonces, soy más débil que él; ojalá fuera ese hombre. El ángel bajó del cielo y le dijo: "Eres lo que has dicho". Y volvió a ser picapedrero, a arrancar piedras en base a mucho trabajo y poco dinero… y se conformó.

Eso es lo que ocurre con la mente de todos; deseas algo y se cumple, pero luego sigues quejándote. Si tu deseo no se cumple te sientes frustrado; si se cumple, también te sientes frustrado. Esa es la naturaleza del deseo, por lo que sólo la conciencia puede trascender y dotarnos del ARTE DE COMPRENDER LA MENTE HUMANA.

Un relato maravilloso de Dale Carnegie
19 de julio del 2018

La primera vez que leí el libro de Dale Carnegie, "Como suprimir las preocupaciones y disfrutar de la vida", hace alrededor de 35 años, comencé a observar la vida desde otra óptica. Aunque no recuerdo con exactitud, debo haberlo leído 10 o quizás 15 veces, sacando en cada lectura una nueva experiencia.

Es un libro que fue escrito hace más de 60 años, y mantiene su vigencia como el primer día, con una venta de más de 6 millones de ejemplares. La obra fue el resultado de cientos de entrevistas a personas célebres, a gente común y leyendo Carnegie las biografías de los protagonistas de la historia universal.

Esta obra no ofrece una fórmula mágica, sino, como dice su autor, "Es para recordarle lo que ya sabe, darle un golpe en la espinilla y hacer que se ponga manos a la obra y aplique ese saber". Cuando el libro cayó en mis manos por primera vez, pasó por mi vista la frase usada por Dale, "vivir en compartimientos estancos".

El autor nos enseña a disfrutar a plenitud cada momento de nuestra vida, con responsabilidad y concentrándonos y disfrutando de cada vivencia que realicemos en el hoy. El ayer ya pasó y el mañana es algo incierto. Como dice el dramaturgo indio Kalidasa: "Mira a este día", porque es la vida, la mismísima vida de la vida.

En su breve curso están todas las verdades y realidades de tu existencia: La bendición del desarrollo, la gloria de la acción, el esplendor de las realizaciones. El ayer es sólo un sueño y el mañana sólo una visión, porque el hoy bien vivido hace todo ayer, un sueño de felicidad, y cada mañana una visión de esperanza.

¡Mira bien, pues, a este día! Tal es la salutación del alba.

De todos los relatos y experiencias de Dale Carnegie en su magistral obra, hay una en especial que en estos momentos me llega a la memoria y por su relevancia en relación al estilo de vida apresurado que queremos llevar en los tiempos modernos, voy a referirme.

Nos relata Carnegie, que en una ocasión una persona que se encontraba desesperada por no tener trabajo le escribió una comunicación al presidente de una famosa compañía, solicitándole una oportunidad laboral. La respuesta que recibió de ese ejecutivo fue otra carta, en la que éste le hacía un llamado a corregir su ortografía y le remitía la que le había enviado, con una corrección de estilo.

Según nos relata Dale, la primera impresión del solicitante fue la de escribir una carta dando una respuesta contundente e insultante al presidente de la compañía. Decidió no enviarla esa noche, sino al día siguiente, por lo que, al despertar temprano en la mañana, volvió a leer lo que había escrito, entonces tomó la decisión de romperla y arrojarla al zafacón.

Con la cabeza fría y en absoluta tranquilidad, escribió una nueva carta completamente diferente. Lo primero que dice en ella es lo agradecido que se siente del presidente de la compañía por éste haber dedicado un tiempo de su apretada agenda para enviarle sus observaciones ortográficas y así poder mejorar la escritura. Se pone a su disposición para servirle si en algún momento de la vida le es necesario.

La respuesta del ejecutivo fue la aceptación de su solicitud de trabajo con carácter inmediato. La persona que en ese momento le narraba la historia a Carnegie era un empresario próspero y multimillonario, que por haber decidido actuar con la cabeza fría, en un momento en que el EGO estaba herido, se había convertido en el presidente de la referida compañía.

Este relato responde a la vida real y puede pasarnos a cualquiera de nosotros, claro, en circunstancias diferentes, teniendo como coincidencia el criterio de que vale más una gota de miel que un cántaro de hiel. Siempre es prudente la calma, la serenidad y actuar con la mente fría, antes de tomar decisiones que luego no podamos revertir. Es mejor tomarse su tiempo, porque a veces es imposible recoger las palabras.

Antes de tomar malas decisiones, hay que pensar y colocarse el margen del ego. Si hacemos eso, de seguro los resultados serán más que asombrosos, MARAVILLOSOS.

Relatos sobre la filosofía budista
29 de julio del 2018

La filosofía budista trata de que aprendamos a vivir cada momento a plenitud, sin apego, disfrutando de las cosas simples de la vida. Nos enseña que seremos felices en la medida que practiquemos el desapego, manteniendo la mente en calma para poder llegar a la paz espiritual.

Los budistas entienden que la vida está en constante movimiento y que hacer conciencia de la importancia de disfrutar cualquier situación, sea ésta agradable o triste. El budismo profesa el criterio de que nunca debemos bloquear los sentimientos, alertándonos a vivirlos de manera consciente, aun sean de tristeza o de depresión.

La mejor manera de aprender sobre la filosofía budista es a través de sus sabios relatos, y me propongo compartir con ustedes algunos de ellos.

En una ocasión cuentan que estaba Buda sentado a la sombra de un árbol, en sus meditaciones habituales. Llamó a su discípulo Ananda y le pidió que fuera a un riachuelo cercano a traerle un poco de agua limpia. Cuando su discípulo llegó el río se dio cuenta que el agua estaba sucia y regresó donde Buda para darle la noticia, y éste de inmediato le ordenó que volviera y que esperara que el agua estuviera limpia, lo que hizo, regresando donde el maestro con un jarro de agua límpida.

Buda le dijo: "aprendiste la lección ", pues sabía que el agua estaría sucia, ya que había visto pasar unos caballos, los cuales debían haber cruzado por el riachuelo. "Quería probar tu nivel de paciencia para permitir que el tiempo hiciera su trabajo, dejando que la tierra bajara al fondo y el agua estuviera limpia". Ananda le responde a Buda: "ese es el mismo proceso que debemos seguir con la mente, observarla con conciencia y paciencia, para permitir que se aclare, tranquilice y produzca paz espiritual".

Enseñanza: Sólo con conciencia y paciencia podemos dejar que la tranquilidad predomine en nuestra mente.

Otro relato nos dice que estando Buda a la sombra de su árbol acostumbrado, pasó una persona que se acercó al maestro y empezó a insultarlo, pero al ver que eso no provocaba ninguna reacción, procedió a escupirle la cara. Eso tampoco provocó reacción alguna, por lo que optó por retirarse, para regresar al día siguiente a pedir perdón por haberlo agredido de esa manera sin causa justificada.

Ante la insistencia para que Buda lo perdonara, éste lo miró y le dijo. "La persona que me escupió ayer ya no eres tú, y la persona a la que escupiste, ya no soy yo, por lo que no es necesario ese perdón; somos dos personas diferentes, así que regresa y sigue con tu vida hacia adelante.

Enseñanza: Cuando haces algo desde la inconsciencia, desde el EGO, en realidad eso no procede del ser. Cuando comprendemos eso, aprenderemos a perdonar con facilidad.

Buda y sus discípulos estaban cruzando por un pequeño pueblo antes de llegar a su destino final, que estaba a algunas horas de distancia, y en el trayecto se le acercó grupo a insultarlo, el maestro se detuvo y soportó pacientemente las agresiones verbales, diciéndole después de unos minutos, que se dirigía a un pueblo cercano, por lo que si no había concluido, pasaría de nuevo para que termina su desahogo.

Cuando Buda regresó de la visita programada, ya el grupo de personas había cambiado de parecer y en cambio le pidió al maestro que le permitiera convertirse en su discípulo.

Enseñanza: A una agresión no responda con otra agresión, porque de hacerlo te colocas en la misma situación del agresor y jamás lograrás producir un cambio positivo en quien actúa por inconsciencia.

Para concluir con estos relatos budistas, me voy a referir a uno que está entre mis preferidos. Se trata de un hombre muy rico y culto que decide ir donde Buda a pedirle que lo acepte como discípulo. Cuando el hombre llega al templo donde estaba el maestro, lo recibe Ananda, quien le dice que lo primero que debe hacer es llenar un cuestionario con cientos de preguntas. Como era una persona muy instruida, con facilidad completa todas las preguntas, Ananda lo lleva donde el maestro y regresa para decirle que la disposición de Buda es que vuelva dentro de un año.

Cuando el hombre rico y culto se levanta para retirarse, le dice a Ananda que si le puede contestar una pregunta, ya que él había respondido todo correcto, que si no hubiera podido responder con precisión, en qué tiempo hubiera tenido que volver. A lo que el discípulo de Buda le dice: "ninguno, pues Buda te hubiera aceptado inmediatamente".

Enseñanza: La sabiduría no está en los conocimientos, sino en la actitud ante la vida. Es más fácil que alguien sin grandes conocimientos acceda a la fuente de la sabiduría, que otros con muchos "conocimientos", pero como en este caso, también con un gran EGO y, como es natural, con demasiado apego.

La naturaleza del ser viviente
31 de julio del 2018

Los cuentos y fábulas provenientes de Oriente, India, China, etc., nos traen un mensaje oculto que debemos descifrar, como cuando tenemos un ramo en las manos y lo vamos deshojando, hasta llegar a la esencia. Así son esos cuentos, que reflejan siempre una gran sabiduría, la que debemos analizar, reflexionar sobre ella, para finalmente hacer conciencia sobre su significado.

Algunas fábulas que tienen que ver con la naturaleza del ser viviente, aunque se refieren a distintos animales, a su naturaleza, son perfectamente aplicables al ser humano, al homo sapiens. Una personalidad definida, con un EGO fortalecido, es víctima de esa circunstancia, y aun queriendo actuar con gratitud y nobleza, el control que sobre su Ser tiene el Ego, se le impone, llevándola a cometer acciones que no salen de su corazón, sino de su egocentrismo.

Veamos el primer relato:

Es el de una persona que trata de salvar a una serpiente del fuego, pero cada vez que lo intenta, ésta lo muerde. Mientras lo hace de nuevo alguien le dice que no entiende la razón de su decisión, ya que la culebra lo sigue mordiendo, a lo que éste respnde: "Mi naturaleza es hacer el bien y la de la serpiente es la de no agradecer, mordiendo como respuesta".

Un segundo relato es el del Escorpión y la Rana.

El río había crecido y la rana se disponía a cruzar al otro lado, en ese momento un Escorpión le dice que por favor lo cruce encima de ella. La rana le responde que eso no es posible, ya que él la picaría en el transcurso y morirían los dos, a lo que el escorpión le responde que no haría eso, porque no quería morir, así que prometía no afectarla.

La rana confía en las palabras del escorpión y le pide subirse, pero cuando van en medio del río siente una fuerte picada, entonces muy triste le dice al escorpión, porque lo hiciste, prometiste no picarme, ahora moriremos los dos. El escorpión se excusa diciéndole. "Lo siento, pero esa es mi naturaleza".

El tercer relato es sobre un niño, un cocodrilo, un conejo y un perro.

Un niño de 10 años caminaba por la orilla de un río, cuando observó un cocodrilo atrapado en una red, el animal desde que lo vio le pidió que lo ayudará a quitarle las ataduras. El niño le dice que no puede hacerlo ya que pondría su vida en peligro, a lo que el cocodrilo le contesta, que jamás le haría daño si le salvaba la vida. El niño acepta y empieza a quitarle la red, pero al sentirse con la cabeza libre, lo atrapa y se dispone a matarlo.

En eso pasa un conejo y le grita al cocodrilo que no lo haga, porque el niño le había salvado la vida, a lo que éste le contesta, que lo siente mucho, pero que esa es su naturaleza. El conejo, muy astuto, le dice al cocodrilo que esperara un momento para discutir la situación. Para eso debes soltar al niño y así hablaremos con más libertad, a lo que el cocodrilo con recelo le responde que si lo hace el niño escaparía, pero el conejo lo convence que no sería posible ya que si lo intenta él lo alcanzaría de inmediato.

El cocodrilo suelta al niño y conejo de inmediato le grita al niño que corra, lo que hace y se pone a salvo. El cocodrilo todavía estaba atrapado en la red, mientras el niño va al pueblo e informa de la situación. Al momento llegan varias personas que le dan muerte al cocodrilo. Con el padre del niño llegó un Perro, que al ver al conejo lo persigue, lo atrapa y degüella, a pesar de los intentos del niño por salvarlo.

Al igual que el Cocodrilo, esa también era la naturaleza del perro. A veces no es si se es bueno o malo, sino quien predomina en tú ser, en tú corazón. De eso dependerá si actúas dominado por una naturaleza nacida del Ser o por una naturaleza hija del EGO.

Ganar la guerra sin librar una batalla
12 de agosto del 2018

Sun Tzu, en su obra maestra "El arte de la guerra", nos dice que lo importante es ganar la guerra sin librar ninguna batalla. El libro, que nos habla de las tácticas y estrategias militares, fue escrito en el siglo IV antes de Cristo, aunque su aparición oficial se produjo en 1772, en París.

A pesar de su antigüedad, es un libro de frecuente consulta para todos aquellos que se dedican a la vida política. No puedo precisar las veces que lo he leído, porque considero es el mejor libro sobre estrategia política, muy por encima de las 48 leyes del poder, El príncipe, El arte de la prudencia, las 38 leyes de la Guerra, La República, etc.

Su valor radica en que sus páginas nos dejan una enseñanza única, la capacidad del ser humano de lograr sus objetivos, sin llegar a confrontaciones violentas, fuertes, que causen heridas imposibles de cicatrizar. Nos enseña a buscar todos los mecanismos posibles, antes que pasar a una lucha desgarradora que, aunque salgamos victoriosos de ella, ocasiona pérdidas de ambos lados.

Por lo general, para lograr asimilar las enseñanzas del estratega chino, es imprescindible comprender la fuerza que tiene el EGO en nuestras decisiones, impidiéndonos en muchas ocasiones enfrentar los retos de la vida, sin hacer conciencia de que lo más importante es comprender que no se es valiente ni cobarde, sino, simplemente, no tener miedo.

Voy a narrarles uno de mis relatos favoritos y que tiene mucho que ver con el mensaje que tratamos de trasmitir, el cual trata de un emperador que le envió uno de sus gallos a un criador para ponerlo en las mejores condiciones de representarlo en una competencia con los más calificados de la época.

El emperador no dejaba de preguntar si el gallo estaba listo para la pelea.

"Todavía no, contestaba el criador, está que arde, dispuesto a iniciar una pelea con cualquier otro gallo que lo vea, se muestra engreído y muy seguro de sí mismo".

Diez días después dijo de nuevo el criador: "Todavía no, se enciende en cuanto oye cantar otro gallo".

Diez días más tarde volvió a decir que aún no, porque seguía teniendo la mirada fiera y las plumas encrespadas.

Después de otros diez días el criador dijo: "Ahora está casi listo, todavía no del todo, pero casi casi. Cuando oye cantar a un gallo, ni siquiera pestañea, se queda inmóvil como un pedazo de madera, ya es un luchador maduro, los otros gallos le pondrán la vista encima y saldrán corriendo.

PARADOJA: Cuando estás de verdad ahí, sin miedo, para qué luchar, pues tu sola presencia es suficiente.

Ese es el mensaje que SunTzu trata de transmitirnos en su obra clásica. El de tener la tranquilidad mental, el dominio de la situación, la prudencia para actuar, la paciencia para ejecutar. Nos dice cuándo seguir adelante en un propósito y cuándo replegarte para buscar mejores oportunidades, cuando es necesario asumir la batalla final o cuando debes retirarte, para reorganizarte y replantear la estrategia.

A veces podemos ganar una batalla, pero las pérdidas son tan grandes que, como dijo Pirro rey de Epiro y de Macedonia, al vencer a los romanos, tras contemplar el resultado: "Otra victoria como ésta y volveré solo a casa".

En la política y la vida en sentido general, según Sun Tzu, no hay peor consejero para lograr un propósito que el EGO, por lo que siempre lo más importante será "ganar la Guerra sin librar una batalla".

Libertad vs seguridad
17 de julio del 2018

Desde nuestro nacimiento e inserción en la sociedad, se nos va programando para obtener una vida basada en la seguridad, como única alternativa para vivir estable y sin contratiempos circunstanciales. Desde nuestros primeros años en este mundo el mensaje es trabajar para lograr, a como dé lugar, la anhelada y confortable estabilidad, que sólo la ofrece la confianza de una estancia segura en nuestra existencia.

En realidad, sólo un dogma puede dar seguridad, buscando una especie de hermosa presión para poder vivir sin conciencia, cerrando los ojos como el avestruz, para vivir en un mundo dominado por el miedo. La vida no puede ser segura; no es un proceso mecánico, es, simplemente, algo impredecible en que nadie sabe lo que puede ocurrir en un instante.

Si el futuro fuera predecible, si supiéramos cómo las cosas van a ocurrir, la vida fuera falsa, porque todo estaría escrito previamente, todo estaría determinado de antemano. En este caso la vida sería un proceso inerte; no habría libertad posibilidad de crecer ni existiría la gloria ni la grandeza, ya que seríamos sólo robots.

La vida está llena de sorpresas, de incertidumbres, nunca se puede llegar a un punto en el que podamos decir: "Ahora estoy seguro". Si lo hacemos, lo que estamos es proclamando un suicidio existencial. Esa es la verdadera belleza de la vida, la cual continúa con infinidad de incertidumbres, por lo que no podemos llamarla inseguridad, sino libertad.

Aunque parezca paradójico, la libertad produce miedo, razón por la que a veces el ser humano prefiere la inseguridad. Podemos poner el ejemplo de un prisionero encerrado varios años que al llegar el día de su libertad, empieza a sentirse inseguro acerca de su futuro. En la cárcel disfrutaba de comida, dormitorio, seguridad; no tenía miedo de pasar hambre, y al estar libre, se le presenta un mundo diferente, lleno de inseguridad, en el cual tendrá que aprender de nuevo a vivir en libertad.

La vida no es una ciencia, ni es una cadena de causa y efecto; cada individuo se convierte en una libertad desconocida, en la que es imposible predecir su futuro, por lo que es importante vivir conciente y con comprensión del momento. Por eso el ser humano debe vivir totalmente libre, con todas las posibilidades abiertas, sin nada preconcebido, sin nada definitivamente fijo.

Cuando llegamos al nivel de comprensión de que la inseguridad es parte intrínseca a la vida, hacemos conciencia de que ésta se transforma en libertad y la convierte en una sorpresa constante. Eso es lo que en realidad mantiene maravillado al homo-sapiens.

Por eso, a la incertidumbre vamos a llamarla prodigio y a la inseguridad vamos a calificarla como libertad.

El poder del amor y la confianza
16 de enero 2018

El éxito de una relación entre dos seres humanos siempre estará sustentado en dos pilares fundamentales: El amor y la confianza, aunque puedan incidir otros factores que motiven la prolongación en el tiempo de la misma, o, sencillamente, su culminación.

Todas las estadísticas indican que en nuestro país se produce un divorcio por cada dos matrimonios, estamos hablando de un 50%, lo cual deberá extenderse a las relaciones libres.

Cuando una relación tiene como eje central las dos murallas del amor y la confianza, las probabilidades de su consolidación y avance son mayores. Esto lo podemos confirmar de manera fácil, encuestando a las parejas que pasan de 20 y 30 años y todavía mantienen la supervivencia de esa unidad familiar.

En infinidad de ocasiones la rutina es la causante de que se entienda en situaciones determinadas, que el primer pilar, el amor, haya desaparecido, cuando en realidad lo que está es sepultado debajo de los escombros y le impiden respirar y actuar de manera libre, entusiasta y, sobre todo, con pasión.

Eso ocurre muy a menudo y puede provocar rompimientos de parejas que todavía se aman, pero que han sido absorbidas por la rutina que impone una sociedad moldeada por los patrones de una tradición atrasada y discriminatoria. Claro, que hay otros casos en los cuales simplemente el amor ha desaparecido, y la química y empatía inicial se esfumaron para siempre.

Cuando el amor desaparece, todo el encanto se esfuma con él, al margen de que en la relación todavía se mantenga el respeto, la confianza y hasta el cariño. Si no hay amor eso debe constituirse en el final de cualquier relación, ya que a partir de ahí podrá manifestarse el deber, la compasión y hasta algo de pena, pero nunca libertad y pasión.

El amor es la clave de toda relación, es lo que permite ceder, madurar, saber ponerse en el lugar del otro, ser solidario hasta el final y tener la capacidad de manejar situaciones negativas, con altos niveles de dificultades, sean económicas o por enfermedades. Por eso es tan importante sobreponerse a la rutina, ya que ella puede llevar a dejar de cultivar el amor, de la misma manera que se permite que una flor se marchite por falta de cuidado, atención y un seguimiento matizado por la sublimidad.

De la misma manera que por diversas razones se pierde o se piensa que desaparece el amor, puede ocurrir con la confianza, la cual es la madre de la comunicación y la solidaridad. Cuando se pierde la confianza, el amor no es suficiente para mantener una relación en el tiempo. Las embestidas de la vida harán añicos esa vinculación, sepultándola en un pasado revestido por el resentimiento.

La pérdida de la confianza en una relación provoca celos, resentimiento, un manejo inapropiado del tema económico y, por lo general, todo termina en la infidelidad y posterior separación. Además de amar es imprescindible la confianza, como única garantía de la existencia de una relación sana y sincera.

Todo esto al margen de los conflictos cotidianos y naturales que siempre existirán en cualquier relación, indicativo de que es una unidad real y propia de la naturaleza humana. Estamos hablando de personas que se unen con sus vicios, defectos y virtudes, con hábitos buenos y malos, por lo que esa unidad sólo se sostendrá con un manejo apropiado, sobre todo si se fundamenta sobre las piedras sólidas y fuertes del poder del amor y la confianza.

Sobre Rio San Juan

Adoptivo o nativo, me siento Riosanjuanero
18 de enero del 2018

El alcalde Alberto Alonzo y la presidenta de la Sala Capitular, Arabella Martínez, nos enviaron una comunicación informándonos que en una sesión de ese organismo, habíamos sido declarados hijo adoptivo de Río San Juan. En verdad debo reconocer que en principio me sorprendí, por la sencilla razón de que me había olvidado que no era nativo de ese municipio del Norte del país.

En realidad, no soy riosanjuanero de nacimiento, como no lo soy tampoco de Santiago, aunque son dos pueblos a los que, por múltiples razones, estoy profundamente vinculado. Vine a la vida en el municipio de Cayetano Germosén, en a la provincia Espaillat, por una situación coyuntural, pues al momento de mí nacimiento, mi padre se desempeñaba como Juez de Paz. Antes de cumplir el año ya nos habíamos marchado y jamás he vuelto a tener vinculación alguna con esa comunidad.

En parte me siento ser de la ciudad de los 30 caballeros, ya que toda mi familia es nativa de ese municipio; además, una gran parte de mi vida discurrió en esa metrópoli. Por otro lado, también me siento ser de Río San Juan, a donde llegué un domingo de septiembre del 1982, y desde entonces los riosanjuaneros me asumieron como parte de ellos. Además, mi amada esposa es riosanjuanera de pura cepa, criada en la Galleta Vieja (Las Flores), colindando con la belleza sublime de la Laguna Gri Grí, donde inició su destreza en la natación; así como sus habilidades adquiridas en la pesca de bulgaos en los cabos del Océano Atlántico y, sobre todo, su amor al trabajo, desarrollado al acompañar a su madre, Doña Nani, a sus labores en el río del municipio.

Quiero agradecer a los miembros de la Sala Capitular; a su presidenta, Arabella Martínez, alguien que hasta hace poco sólo conocía como la hermana de mí gran amigo el doctor Jorvi Martínez, y quien ha demostrado tener una gran capacidad de trabajo, una sensibilidad social incuestionable, una actitud siempre positiva y un carisma que la ha colocado en el corazón de la mayoría de riosanjuaneros.

También a mi amigo de muchos años Ramoncito, como le decimos, un comunitario y fajador en la zona rural y específicamente en Los Cajuiles, su hogar natural. Al joven Miguelo Acosta, prometedor dirigente del PRM, hijo de un gran amigo nuestro y padre de Milán, que ya es parte de mí familia. A mi compañero de partido y amigo de muchos años, Miguel Martínez; y a una persona que, aunque no estaba presente por problemas de salud, la doctora Sunilda Hernández, estoy seguro de su apoyo y solidaridad, quien es parte de una familia a quien me unen vínculos profundos desde mi llegada a Río San Juan.

Agradezco también a dos personas, que aunque no participan de la votación en estas decisiones, estoy seguro fueron parte moral y solidaria de la misma. La vice alcaldesa Fidelina José, un ser humano único y especial, excelente amiga, solidaria y de sentimientos muy sanos y nobles, trabajadora y activista social. Además, al Alcalde Alberto Alonso, con quien siempre he tenido una estrecha relación de amistad, aunque en determinados momentos las diferencias políticas nos han separado. Ahora, como aliados políticos, las relaciones han mejorado significativamente, manteniendo niveles de colaboración, comunicación y solidaridad en todos los momentos y circunstancias, siempre que se dirijan en beneficio de la población, lo cual se mantendrá, ya que entiendo que la unidad gobierno-municipio es la mejor garantía de que las cosas funcionen mejor y los beneficios colectivos sean mayores.

Mi historia de más de 30 años de vinculación con Río San Juan está ahí; los aportes que las circunstancias nos han permitido realizar en beneficio de la comunidad también están ahí, desde el deporte hasta obras diversas y acciones a favor de particulares. Entiendo oportuno aclarar que nunca he hecho nada buscando reconocimientos, ni posiciones y menos beneficios políticos o económicos, por eso nunca he aspirado a ninguna posición en la provincia María Trinidad Sánchez

Simplemente he actuado de acuerdo a mi naturaleza, a mis convicciones, a mi modo de ser, con una visión siempre positiva. Tengo que reconocer que, como humano, he cometido muchos errores, los cuales siempre en mi evaluación personal hago lo posible por corregirlos y continuar por el camino hacia lo positivo. También entiendo que cuando haces cualquier labor en la vida, siempre encuentras obstáculos en el camino, y realizado todo el esfuerzo para manejarlos con prudencia, paciencia, perseverancia, sin odios ni resentimientos.

Debo admitir que en determinadas circunstancias esa oposición a acciones positivas, me han provocado desaliento, desencanto y muchas veces decepciones. Mi conclusión es que la gran mayoría de los riosanjuaneros no piensa de esa manera, que quien lo hace es una minoría, muy activa por cierto. Eso lo he comprobado por las mediciones que de vez en cuando hacemos, lo que siempre arroja menos de un 10% de la población con esos rasgos negativos.

Como lo he establecido de manera pública y privada, estaré concentrado en cuestiones generales del municipio, impulsando por ahora el asfaltado y luego lo del saneamiento de la Laguna Gri Grí. Cuando esto concluya, necesariamente vendrá un retiro natural, para que otros continúen esa labor y con más energía impulsen otros cambios necesarios para el desarrollo económico de Río San Juan.

Aunque agradezco en el alma esta distinción de la Sala Capitular: Adoptivo o Nativo, me siento riosanjuanero de corazón.

Gracias a la Liga Payano por su distinción

Expreso mi gratitud a la Liga Payano, dirigida por un joven con grandes inquietudes sociales y deportivas, José Payano, por haber tomado la decisión de entregarnos una placa de reconocimiento por nuestros aportes al deporte en Río San Juan. En especial se nos declara el padre del baloncesto en ese municipio.

En realidad nuestra colaboración con el deporte en Río San Juan comenzó desde 1983, con todas las actividades, tanto deportivas, culturales y comunitarias que allí se realizaban. Fue en el 1988, por motivación de Luis Hernández, que entramos de lleno a la vida del baloncesto, iniciándonos en esa disciplina deportiva como el presidente del primer torneo con refuerzos.

El encuentro fue un éxito y en el mismo participaron tres equipos: el Freddy Méndez, liderado por Alfonso Marte; el Francisco Balbuena, liderado por Perucho y José Marmolejos; y Las Flores, liderado por Luis Hernández. Ese torneo fue ganado por el Francisco Balbuena, en una final inolvidable, por una diferencia de 3 puntos, en el que Fonso, La Boa de Nagua, el Toro y Oscar Martes se destacaron por el Freddy Méndez, y El Vale de Nagua, Perucho y Luis Freddy lo hicieron por el Francisco Balbuena.

A partir de ese torneo surgieron los clubes deportivos Freddy Méndez, Francisco Balbuena y Las Flores. Nosotros tomamos la dirección del Freddy Méndez, a través del cual realizamos varias actividades deportivas, desde torneos de baloncesto a todos los niveles, comenzando de mini-básquet, hasta torneos infantiles y superiores. Además, desarrollamos el voleibol femenino y masculino.

Incursionamos en el atletismo, con aquellos maratones históricos desde Cabrera, El Bretón, La Cantera, etc.

Recordamos aquel maratón desde el municipio de Cabrera, que fue ganado por el inmortal del deporte en RSJ, Mariano Alonzo. Esa actividad nunca ha sido superada en el municipio costeño, ya que creó un taponamiento, prácticamente en los 20 kilómetros de Cabrera-RSJ. Es famoso el caso de Luis Hernández, que llegó en quinto lugar, con tantas ampollas, que duraron semanas para curarse. También el caso del Chulón, que llegó 6 horas después de Mariano, pero lo hizo como si hubiera ganado el maratón.

Luego formamos la primera selección superior de baloncesto de Río San Juan, con la que participamos en el Torneo Superior de Nagua y sólo perdimos un partido, en el cual un riosanjuanero, Eurípides, nos anotó 50 puntos, para, finalmente, perder por 8.

Como es de costumbre, mis queridos nagüeros, como Jalisco, si pierden arrebatan, por lo que RSJ al final tuvo que retirarse. Recuerdo que El Compa dirigía la Asociación de Nagua, mientras que la de Río San Juan la componían Luis Hernández, Luis Freddy, Perucho, Papo Méndez, El Toro, Oscar, Alfonso Marte, Chimón, Atawalpa y el refuerzo de San Francisco, Freddy Mena. Tremendo trabuco, que jamás Río San Juan ha podido reunir. Y eso que nos faltó Eurípides, que por una artimaña terminó jugando con un club de Nagua.

Luego de nuestro traslado a Santiago regresamos a Río San Juan y fuimos de nuevo en el 2004 presidente del Torneo Superior. En el 2007, después de una pausa en esa disciplina, retomamos el baloncesto con aquel famoso torneo Sub-13, del que salieron muchos de los jugadores estelares en la actualidad, encabezados por Luis Felipe, Emmanuel Liriano, Carlos Manuel, Jordan, Los Mellos, etc.

Después de ese torneo el baloncesto fue relanzado, asumiendo el Ayuntamiento la organización por varios años del Torneo

Superior. De nuestra parte y en coordinación con el área deportiva de Isabel Bonilla-diputada, organizamos varios torneos a todos los niveles, incluyendo uno pre-superior, que fue la plataforma para el surgimiento de grandes talentos, como Ban-Ban, el Alemán, el hijo de Fonso. Etc.

La organización de esos torneos estuvo acompañada de varios intercambios con el Club SAMEJI de Santiago. Recuerdo aquel famoso intercambio a nivel de mini-basket Infantil, Juvenil y Sub-18, en el que Río San Juan ganó en todas las categorías. Todavía está latente el canastazo de Keivito, para ganar por un punto en mini-basket, la sobresaliente actuación de Emmanuel para barrer en infantil, los 8 puntos en los 2 últimos minutos de Luis Osvaldo para ganar en Juvenil y la actuación de Jordan y el joven que juega con Buenos Aires y que ahora no recuerdo su nombre, para ganar en el Sub-18.

Aunque mis compromisos no me permitieron seguir organizando estos torneos, siempre me he mantenido colaborando con todas las actividades deportivas, especialmente con el baloncesto. Por varios años he apadrinado la Liga de Edward Castaños y sus iniciativas a favor del deporte. Además, siempre hemos apoyado los torneos de baloncesto superior, por ser la actividad de mayor impacto deportivo en el municipio de Río San Juan.

Quiero reiterar mi compromiso con el deporte, como siempre le he hecho, en todas las áreas de esta importante actividad, específicamente en mi deporte favorito: EL BALONCESTO.

Gracias por la distinción y sigan adelante, que el pueblo eternamente se lo agradecerá.

Luis Osvaldo ya es abogado
19 de agosto del 2018

Los padres, como es natural, sienten una gran satisfacción cuando algunos de sus hijos logran convertirse en profesionales al completar los ciclos de la vida universitaria. Aunque apenas eso es un inicio, ya que la verdadera profesión se obtiene en la universidad de la vida, lo que da la experiencia para dejar huellas en el difícil y controvertido juego del ser humano.

Cualquiera puede lograr un título universitario, lo demás dependerá de la visión que se tenga de la vida, si se opta por ser un profesional con iniciativas propias, preparándose y actualizándose cada día para la investigación y la lectura, o simplemente limitándose a ser un profesional del montón, con simples conocimientos librescos, sin garras, sin pasión ni visión de emprendedor.

Cuando se asume la vida dentro del ámbito de la comodidad y la adaptación a las pequeñas cosas, simplemente se obtiene un título universitario para tenerlo de adorno, limitado al propio mundo creado al alrededor, como una prisión que impide ver que existe otro tipo de realidad. A quien se decide por ese camino, sencillamente se lo cataloga de mediocre, en cambio, desde mi criterio, es un ser que se ha declarado vencido, sin atreverse a librar una sola batalla.

Quien en cambio se decida por adoptar una actitud de iniciativas continuas, aún cometa constantes errores, siempre se levantará y tomará la bandera para continuar cometiéndolos, hasta que esas equivocaciones le vayan dando la sabiduría para seguir avanzando, comprendiendo que los límites se los pone cada cual. En verdad no hay límites, sólo existen en nuestra mente, programada por una sociedad que logra influir de tal manera, que hace que adquiramos como nuestros sus puntos de vista negativos y frustratorios.

Los jóvenes cuando inician su vida profesional se caerán muchas veces, aunque deben levantarse de nuevo para continuar hacia la consecución de sus objetivos. Es vital entender que los errores son inevitables, lo que no es aceptable es cometer el mismo error dos veces. Como dijo Emerson cuando le dijeron que ya tenía 700 intentos fallidos para un invento: "Bueno, ya he aprendido 700 veces lo que no debo hacer, lo cual es un gran logro".

A Winston Churchill, al preguntársele que era el éxito, respondió: "ir de fracaso en fracaso sin perder el entusiasmo". O como diría Maxell en su famosa obra "El lado positivo del fracaso", que "nunca nada es malo totalmente, porque todo tiene algo positivo".

Es necesario atreverse, claro, sin altanería, ni prepotencia, con humildad y sencillez, estando dispuesto a pedir excusas cuando hay equivocaciones. Es la única manera de crecer con una mente sana y positiva, sin odio ni resentimientos; es el mejor mensaje para cualquier joven que profesionalmente se integra al mundo, lleno de actitudes e ideas que apuestan al fracaso y que persiguen imponer su visión derrotista y fracasada sobre una vida, la cual no debe ser estática, sino ágil y en continuo movimiento.

En el caso de mi hijo Luis Osvaldo, convertirse en profesional del derecho ha sido un gran logro, que sólo quienes estamos a su alrededor sabemos a profundidad lo que estoy diciendo. Aunque no le doy tanta importancia a los grados académicos, nos enorgullece que nuestro hijo alcanzara la hazaña, como podría calificarse, de recibirse Magna Cum Laude.

Puedo decir que para Luis Osvaldo alcanzar esa meta, siempre tuvo un equipo a su lado para darle apoyo, sobre todo, su compañera Walkiria Musa, que todo indica se graduará con Summa Cum Laude, de su madre, que nunca perdió la esperanza, de sus hermanas y toda la familia. Además de algunos amigos que siempre estuvieron a nuestro lado en esa empresa, Maritza López, Chicho Tejada, Sagrario, de la Facultad de Derecho de UNIBE y muchos otros.

Luis Osvaldo es un joven con una inteligencia por encima de la normal, con capacidad evidente para salir airoso en cualquier universidad, con características propias que lo hacen tener algunas dificultades para socializar y con intereses un poco restringidos, situación que se complicaba en la vida académica por el poco nivel en nuestro sistema educativo para manejar jóvenes con esas características de personalidad.

Debo reconocer que UNIBE es el centro educativo del país con mayor nivel de tolerancia e inclusión, con una capacidad de sus funcionarios y docentes para sentirse comprometidos con el respeto hacia cualquier tipo de condición especial de sus estudiantes. Podemos afirmar que UNIBE está al nivel de cualquier universidad de Europa o Estados Unidos para manejar el tema de la inclusión. Ojalá el sistema educativo público asimile y ponga en práctica su ejemplo.

La culminación de la vida universitaria de mi hijo es el mejor ejemplo de que siempre se puede, que todo depende de la dedicación, esfuerzo y, sobre todo, del AMOR, para lograr impactar positivamente en los seres humanos. Es oportuno reconocer que Luis Osvaldo es un gran ser humano, que hará aportes significativos en el transcurso de su vida. Cuando se tienen intereses restringidos, los resultados a largo plazo pueden ser importantes, pues la dedicación se ejerce con una pasión capaz de sobreponerse a cualquier obstáculo.

La pasión es inmensamente poderosa. Ahí tenemos algunos ejemplos como Bill Gates y Steve Jobs, para no hablar de Albert Einstein. Claro, esto es un simple símil, para dejar establecido que los intereses restringidos a veces afectan, aunque también son altamente positivos, ya que toda la energía y capacidad se centra en un objetivo y va en una misma dirección.

Felicidades, Luis Osvaldo, por haberlo logrado y ten presente que tienes una familia que siempre te apoyará, sin importar la decisión que decidas tomar en el futuro. Eres arquitecto de tu propio destino y lo que asumas hacer con tu vida profesional, será siempre apoyada por nosotros. De lo que si estamos seguros es que serás un ser humano sano, noble, honesto y de buenos sentimientos, lo que es suficiente para sentirnos orgullosos de que seas nuestro hijo.

Carta pública a los hijos de Río San Juan
8 de noviembre del 2018

En sus inicios, los concejos de regidores en los municipios estaban reservados a figuras públicas honorables, que realizaban su trabajo de manera honorífica, y formar parte de los mismos era un privilegio, porque se destacaba para ser edil el prestigio y el relieve ciudadanos.

En cambio, ahora muchos de esos concejos están compuestos por personas de bajo nivel académico, cuestionable accionar público y de poca o ninguna trasparencia.

En algunos lugares la Sala Capitular ha llegado a un nivel de degradación de tal magnitud, que constituye una vergüenza para la comunidad.

Como hijo adoptivo de Río San Juan, en verdad me apena mucho lo que está pasando en el ayuntamiento de esa comunidad, en donde uno de los ediles ha provocado reiterados escándalos, lo que amerita que el alcalde y los demás regidores pongan punto final a los mismos, para evitar que la Sala siga siendo un centro de burlas, repudio y descalificación.

La irresponsabilidad de ese miembro del Consejo de Regidores, que no ha cumplido con un compromiso contraído bajo firma notarial con su pueblo, con un vídeo grabado al momento de dar su palabra, y su repentina excusa de que tiene su sueldo comprometido por los años que le faltan para cumplir su mandato, es la causante del escándalo.

Ante tal situación y como una forma de buscarle una salida al impase, se le propuso que renunciara, y que se le entregaría el valor de su salario y los beneficios colaterales que recibe en el ayuntamiento. En principio parecía que cedería ante esa propuesta elevada con las mejores de las intenciones, pero, al poco tiempo, una radicalización inexplicable dejó de lado todo lo que él mismo y por su propia voluntad había decidido.

En días recientes se produjo otro acontecimiento repugnante, cuando trataronn de agredirlo en pleno ayuntamiento, por tratar de evadir, según denuncias de un periódico local, el pago de deudas contraídas con su salario como garantía. Imagínense, estimados riosanjuaneros, qué espectáculo más bochornoso, que, entiendo, este municipio no se lo merece.

A la par con estos hechos inconcebibles para una persona con esa responsabilidad ciudadana, todos observamos a través de un vídeo, cuando, en un acto solemne en los salones del ayuntamiento, no tuvo siquiera la capacidad para leer un párrafo de un reconocimiento a una destacada dirigente del Club de Leones. En realidad se ha permitido que esto llegue a niveles que sobrepasan los límites de la tolerancia, lo cual es inconcebible en estos tiempos modernos.

Tenemos que reconocer que la Constitución lo ampara para mantenerse en su posición hasta el término de su mandato, lo cual no implica que en su legítimo derecho los demás regidores, el alcalde y todos los sectores que componen el pueblo de Río San Juan, le exijan una renuncia inmediata por haber incurrido en acciones que atentan contra la paz y la tranquilidad que debe predominar en esa institución, así como por actuar en contra de las buenas costumbres que deben caracterizar a cualquier ciudadano.

El amigo regidor no tiene ninguna excusa para renunciar, ya que, si su alegato es económico, a él se le ha presentado una alternativa que no lo afectará en ese sentido. Si aún con esta propuesta persiste en imponer su figura indeseada por los munícipes, entonces los mecanismos de repudio y rechazo deberán ser asumidos por todo aquel que sienta un poco de respeto y amor por un pueblo que no se merece ese tipo de representante.

Las cartas están sobre la mesa; quienes deban actuar, que lo hagan, y quienes no quieren hacerlo, sobre ellos caerá la responsabilidad de imponer una persona que representa una vergüenza pública para una comunidad que se merece estar dignamente representada en su gobierno municipal.

Sobre la Ley de partidos

Ley de Partidos, Agrupaciones
y Movimientos Políticos (1 al 5)
Agosto 15 del 2018

Con la finalidad de presentar al ciudadano de manera resumida y detallada la realidad sobre la Ley de Partidos, trataré de explicar su significado, tomando los aspectos fundamentales que deben ser dominados, para evitar las distorsiones y confusiones que algunos por ignorancia y otros por manipulación, quieren imponer como percepción en la población.

En lo que se refiere a su ámbito de aplicación y definiciones, la Ley establece que regulará el ejercicio del derecho de todos los ciudadanos a organizar partidos, agrupaciones y movimientos políticos o formar parte de ellos. A la vez que tendrá una aplicación nacional, definirá las normas que regirán la constitución y reconocimiento, organización, autorización, funcionamiento, participación en procesos electorales, vigilancia, sanciones y disolución de los partidos. Consagrado la libertad de asociación definida en la Constitución y el derecho de los dominicanos a afiliarse o renunciar a cualquiera de ellos.

En lo relativo a la afiliación, indica que se requiere ser ciudadano inscrito en el Registro Electoral Dominicano. No pudiendo afiliarse los militares o miembros de las fuerzas Armadas y la Policía Nacional, los jueces del poder judicial, del Tribunal Superior Electoral y Tribunal Constitucional. Tampoco los representantes del Ministerio Público, miembros y funcionarios de la JCE, juntas electorales, miembros de la Cámara de Cuentas y el Defensor del Pueblo y adjuntos.

Establece que ningún ciudadano podrá estar afiliado a más de un partido, por lo que de hacerlo, automáticamente se renuncia a la afiliación anterior. Todo afiliado podrá renunciar en cualquier momento, sin expresión de causa, renuncia que producirá la desafiliación por el sólo hecho de presentarla al Presidente del Partido, de la cual remitirá copia ante la JCE, dentro de los 30 días siguientes a la fecha de recepción.

Se considerará renuncia automática de afiliación: Afiliarse a otro partido, el apoyo a otra candidatura contraria, hacer pronunciamientos en contra de candidaturas postuladas por su partido, participación en actividades de Partidos contrarios, o la aceptación de candidaturas de otros partidos.

La Ley prohíbe a los partidos políticos: Realizar afiliación o desafiliación de sus integrantes atendiendo a cualquier tipo de discriminación de clase, condición social, o personal, etnia, género, religión, discapacidad, vínculos familiares o preferencia sexual. Así como promover la alteración del orden público y despojar de candidaturas que hayan sido válidamente ganadas en los procesos internos, para favorecer a otras personas, incluyendo a las de su propio partido u otro partido.

Se prohíbe imponer o aceptar requerimientos o deducciones de salarios a los empleados públicos o de empresas particulares, aun cuando se alegue que son cuotas o donativos voluntarios. Así como utilizar símbolos, figuras, expresiones y mecanismos que denigran la condición humana y la dignidad de una o más personas o de candidatos.

Por último, se prohíbe a todo funcionario o empleado del Estado o de los municipios poner a disposición de cualquier partido o candidato, el uso en cualquier forma y de cualquier título, de bienes o fondos provenientes de las entidades públicas.

En relación a los estatutos, lo redactarán de conformidad con la Constitución, la presente ley, la ley electoral, sin prejuicios de otras leyes que regulen aspectos específicos relacionados. Estos contendrán la estructura organizativa general del Partido, indicando la composición, organización y atribuciones de los diferentes organismos que la dirigen, disponiendo la periodicidad de la reunión de las convenciones y asambleas ordinarias, en las cuales residirá la autoridad del Partido.

Esta primera parte prefiero dejarla hasta ahí, ya que en la siguiente trataré un tema muy importante, que es el relativo a la renovación de los organismos internos de los partidos, movimientos y agrupaciones políticas, así como y hasta donde llegan los derechos y de los miembros o afiliados.

Ley de Partidos, Agrupaciones y Movimientos Políticos (2 al 5)
Agosto 16 del 2018

En esta entrega vamos a tratar un tema de mucha importancia como es el de la renovación de los órganos internos, así como los derechos y deberes de los miembros y afiliados.

La Ley en ese sentido establece, que los partidos, agrupaciones y movimientos políticos, renovarán periódicamente y mediante mecanismos democráticos los puestos de dirección de sus organismos internos, de conformidad con los períodos que fijen sus estatutos. Indicando que la duración de esos períodos jamás exceda el tiempo de mandato consagrado constitucionalmente para los cargos de elección popular.

Establece la ley, que los partidos deberán depositar ante la JCE la lista actualizada de las personas que ocupen los puestos directivos de sus órganos centrales de alcance nacional, regional, provincial, municipal, distrito municipal y del exterior. Cuando en las direcciones de las organizaciones se hayan producido cambios, sustituciones o renuncias de algunos de sus directivos, deberán informar por escrito a la JCE, y a las juntas electorales.

A partir de la promulgación de ésta ley, los miembros de los partidos, tendrán derecho a acceder a la información sobre el funcionamiento, gestión, planes, tareas, administración de los recursos y actividades que estos desarrollen. Por lo que los órganos directivos estarán en la obligación de rendir informes periódicos a sus integrantes en los plazos establecidos estatutariamente.

A partir de esta ley, los miembros de los partidos no podrán ser expulsados, sin antes haber sido debidamente citados, escuchados, y juzgados en las instancias partidarias internas correspondientes. Los partidos deberán integrar una Comisión Nacional de Ética y Disciplina, la cual conocerá en apelación directa de las decisiones de los organismos provinciales y municipales.

Sobre los deberes de los miembros de los partidos, la ley establece que deberán estar afiliados de forma exclusiva a una sola organización política, debiendo cuando así lo decidan, comunicar formalmente su renuncia al organismo que corresponda y en la forma prevista por esta ley. Al mismo tiempo los miembros deberán contribuir económicamente con su partido conforme a sus estatutos.

Será obligación de cada partido, editar y difundir entre sus afiliados sus estatutos, declaración de principios, programas, documentos y materiales de formación que sirvan de base a los trabajos del sistema de educación política y electoral. Teniendo cada partido una página Web accesible a todo público, donde sean publicadas las informaciones relevantes generadas por esa organización.

Hasta aquí vamos a dejar está entrega, ya que el próximo tema será de extrema importancia, como es el de la precampaña electoral para cargos de elección popular y su reglamentación.

Como hemos notado en estas dos entregas, es vital conocer el contenido y alcance de ésta ley, por lo que trataremos de resumir sus aspectos fundamentales, como una manera de fortalecer la visión del ciudadano, ante un acontecimiento de una trascendencia intangible para el futuro de nuestra Nación, como es la ley de partidos, agrupaciones y movimientos políticos.

Ley de Partidos, Agrupaciones
y Movimientos Políticos (3 al 5)
Agosto 17 del 2018

En ésta entrega sobre la ley de partidos, agrupaciones y movimientos políticos, vamos a referirnos a lo que tiene que ver con la campaña interna y sus regulaciones, las modalidades para la exigencia de los candidatos, así como a la presentación de las candidaturas. Son temas de gran importancia, que todo dirigente, militante, simpatizante y ciudadano en sentido general debe comprender a fondo, para poder opinar con coherencia y claridad al abordarlos en cualquier escenario.

Los partidos según ésta nueva ley deberán celebrar sus procesos internos para la escogencia, de los precandidatos a puestos de elección popular, en un período que iniciará el primer domingo del mes de Julio del 2019 y concluirá en el mes de octubre.

La propaganda política será un proceso limitado a lo interno de los partidos, tanto para los candidatos como para los voceros en los medios de comunicación, prensa, radial, televisivas y otros medios electrónicos. Así como en lo relativo a actividades, producción de propaganda de tipo individual. Quedará prohibido la pintura de las calles, aceras, contiene, postes del tendido eléctrico, árboles, así como cualquier propiedad pública, con los colores, emblemas o símbolos del candidato o el partido.

No sé permitirá la propaganda anónima o la publicación en los medios de comunicación que no estén avalados por una firma responsable. La JCE elaborará mediante reglamento todo lo concerniente a la propaganda política y la publicidad de los partidos. La violación a cualquiera de estas disposiciones serán sancionados con la retención de los fondos públicos que aporta en Estado a los partidos.

El proceso de escogencia de candidatos se hará de acuerdo con la Constitución y está ley, por lo que cada partido político tiene derecho a decidir la modalidad, método, y tipo de registro de electores o padrón para la selección de candidatos a cargo de elección popular. Por lo que el organismo competente de cada partido de acuerdo a la conformidad de la presente ley será quien decidirá sobre el particular: HABLEMOS DE COMITÉ CENTRAL, COMISIÓN EJECUTIVA, COMISIÓN POLÍTICA, COMITÉ NACIONAL O EL EQUIVALENTE A UNO DE ESTOS.

Los partidos que escojan modalidad diferente a las primarias, se hará mediante la supervisión y fiscalización de la JCE. En cambio los que se decidan por primarias lo harán a más tardar el primer domingo de octubre del año preelectoral y para los demás el último domingo del mismo mes.

Para ser aspirante a una precandidatura de un partido, éste no podrá haber participado como candidato por otro partido en el mismo evento electoral. Además deberá presentar por escrito ante la JCE o las altas instancias de su partido, constancia que lo acredita de no tener en la sangre u orina presencia de sustancias psicotrópicas, realizadas en un laboratorio reconocido, en un período no mayor a 3 meses de la inscripción de la candidatura.

Los partidos deberán presentar ante la JCE a más tardar 45 días antes de la fecha fijada para las primarias, por escrito, un papel membretado y con sello de la organización política, la lista completa de los precandidatos que participarán en dichas primarias. Será optativo de la alta dirección o instancia competente de los partidos, decidir sobre la aplicación o no de cuotas o aportes económicos de los aspirantes a candidaturas a cargos de elección popular, para tener derecho a la inscripción de precandidaturas, de conformidad a lo que establecen sus reglamentos.

La JCE con la participación de los partidos que hayan decidido celebrar primarias, será quien proclamará a los candidatos que hayan obtenido mayoría de votos. El cómputo total de los resultados se dará a conocer en un plazo no mayor de cinco días después de celebrado el evento y el plazo de proclamación será en un plazo de 5 días después de haber emitido el boletín oficial con los resultados finales. Los ganadores de las candidaturas serán quienes hayan obtenido mayoría de votos, por lo que la proclamación será de aceptación obligatoria para los partidos, salvo el caso de los recursos a los que haya pertinencia elevar.

Hasta aquí terminamos con ésta entrega, por lo que en las próxima abordaremos lo relativo al registro, inscripción, orden y reservas de las candidaturas. Así como lo que tiene que ver con el patrimonio, financiamiento y supervisión de fondos de los partidos.

Ley de Partidos, Agrupaciones
Movimientos Políticos (4 al 5)
20 Agosto del 2018

En esta entrega abordaremos unos temas muy calientes en relación a la ley de partidos, que tienen que ver con el orden y reservación de las candidatura, así como la parte que nos refiere al patrimonio, financiamiento y supervisión de los fondos de las organizaciones políticas.

Esta ley establece que a más tardar 15 días después de celebrados los procesos internos, la JCE, deberá presentar un listado con todos los candidatos seleccionados A todos los niveles, presidencial, congresual y municipal, para participar en las elecciones generales y parciales. Los partidos utilizarán el formato del sistema automatizado de la JCE, para el depósito de las candidaturas a ser inscritas, tanto en junta central electoral como en las juntas electorales.

Según esta nueva ley, la JCE y las juntas electorales, no admitirán listas de candidaturas, que contengan menos del 40% y más del 60% de hombres y mujeres. En caso de no cumplir con estas obligaciones, las listas serán devueltas, para que en un plazo no mayor de 72 horas se cumpla con la ley, de lo contrario no se aceptarán las postulaciones, declarándose desierta la presentación de candidatos a esas demarcaciones.

De la misma manera no aceptarán listado de candidaturas que no contengan un 10% de jóvenes menores de 35 años. Estos listados estarán en igualdad de condiciones con la cuota del 20% reservada a la alta dirección de los partidos, para postular los candidatos previamente seleccionados por esos órganos directivos.

Ninguna persona seleccionada mediante las modalidades que presenta está ley en los procesos internos, podrá ser sustituida por los partidos, a menos que quien ostente esa posición, presente formal renuncia al derecho adquirido, se le compruebe una violación grave a la Constitución o las disposiciones de esta ley o que haya sido condenado penalmente , mediante sentencia con la autoridad de la cosa irrevocablemente juzgada, observando siempre el debido proceso.

En el caso de candidaturas de diputados, regidores, y suplementos, así como de vocales de distritos municipales, prevalecerá el orden de candidatos según los resultados obtenidos en los procesos internos. En caso de las candidaturas reservadas por un partido político, para alianzas o fusión, tendrá validez legal si son reservadas por los menos 30 días antes de la precampaña.

Esas candidaturas que entran en el 20% de las reservas, cedidas a dirigentes del mismo partido, o acordadas con otras organizaciones, deberán ser aprobadas por las altas direcciones partidarias. Al momento de ser cedida o acordada, no podrá ser incluida dentro del número de candidaturas a ser elegidas en las primarias de la demarcación electoral que le corresponde. Por los que los candidatos escogidos en el 20% estarán liberados de participar en los procesos internos.

Las direcciones de los partidos darán a conocer públicamente y comunicarán por escrito a la JCE, por lo menos 15 días antes de la apertura oficial de la precampaña, los cargos, posiciones y demarcaciones electorales a que corresponden de la cuota del 20%, reservada por esas organizaciones. Las personas del mismo partido seleccionada en esa cuota de reserva quedarán liberados de participar en los procesos internos.

En lo relativo al financiamiento de los partidos, la ley establece, que los recursos del Estado que reciban los partidos, deberá ser distribuido de la siguiente manera: 10% destinados a los gastos de educación y capacitación; 50% para cubrir los gastos administrativos y un 40% para apoyar los candidatos de elección popular. Durante los primeros 10 días del mes de febrero de cada año, los partidos deberán presentar un presupuesto desglosado, conteniendo los programas a desarrollar en ese año.

Los partidos podrán recibir aportes para el financiamiento de sus actividades, procedentes de personas naturales, presentando una nómina de contribuyentes para los fines de comunicación en una página Web, conforme a lo que establece la ley No 200-04, de libre acceso a la información. Las contribuciones individuales de particulares a los partidos, no podrán ser superiores al uno por ciento del monto máximo correspondiente al partido que reciba mayor asignación de fondos públicos. Las contribuciones realizadas por Internet y las redes sociales serán incluidas en la nómina de contribuyente y siempre estarían identificadas en su origen.

Se considerarán según ésta nueva ley, contribuciones ilícitas, las contribuciones de gobiernos extranjeros que no estén establecidas con domicilio o residencias fijas en el territorio nacional, a excepción de las que sean de carácter académico. También los aportes de personas físicas o jurídicas vinculadas a actividades ilícitas y los aportes que no se pueda determinar su procedencia u origen. Así como las contribuciones de personas físicas subordinadas, cuando les hayan sido impuestas por sus superiores jerárquicos.

Los partidos políticos deberán llevar un sistema contable, en el que se reflejen los movimientos de ingresos y egresos del Partido, incluyendo el registro de los aportes económicos recibidos. Ese registro deberá contener, nombres y apellidos de los contribuyentes, cédula de identidad, la dirección y monto de la contribución, el cual será visado por la JCE anualmente. El informe de los partidos será publicado íntegro por la JCE, para conocimiento de todo ciudadano.

Los gastos permitidos en el año electoral y preelectoral a los partidos, según la nueva ley serán para: contratación de publicidad, propaganda, estudios de medición electoral, programas implementados para la administración y control del voto, locales partidarios, impresión de promoción política, material gastarme y pago del personal y entrenamiento y capacitación electoral. Los gastos de transporte y comunicaciones.

Hasta aquí para abordar unos temas de tanto interés para comprender está nueva y novedosa ley. En el próximo tema definiremos lo que tiene que ver, con la pérdida de la personería jurídica de los partidos, así como las parte relativa a las penalidades.

Ley de Partidos, Agrupaciones
y Movimientos Políticos (5 al 5)
Agosto 21 del 2018

Esta nueva ley establece sanciones, con penalidades que van desde 50, 100 y 200 salarios mínimos a todos los que violen los minerales del 1 al 11 del artículo 25 de la ley ; así como al párrafo del mismo artículo. Multas de 100 a 200 salarios mínimos a todo representante de un partido político que se apropien de fondos indebidamente de recursos partidarios destinados a un uso diferente al que establece la ley.

En caso de recibir financiamiento ilegal, los candidatos y partidos, serán condenados al pago de una multa del doble de la contribución ilícitamente aceptada. Los aspirantes que inicien su campaña antes del tiempo oficial de campaña o precampaña serán sancionados con la inadmisibilidad de la candidatura.

Los miembros de un partido que se compruebe haber realizado un fraude electoral para ganar una determinada posición electiva a lo interno de esa organización o a puestos de elección popular, quedarán inhabilitados políticamente para ostentar posiciones electivas de por lo menos un período electoral, además del que corresponden al momento de cometer el fraude. Serán sancionados aquellos que se compruebe que de forma deliberada incurran en la doble afiliación.

El Tribunal Superior Electoral será el responsable de juzgar las infracciones cometidas en esta ley, sea por sometimiento de la JCE o por apoderamiento de la parte interesada. Esto sin perjuicio de los asuntos o infracciones que sean de competencia de los tribunales penales del poder judicial.

Finalmente, en el artículo 82 sobre las disposiciones generales y derogación, de manera precisa dispone, que la promulgación de la presente ley, deroga y sustituye toda disposición que le sea contraria.

Todo el que tiene un conocimiento elemental de derecho sabe, que al momento de promulgarse una ley, cualquier otra ley, reglamento, ordenanza, disposiciones, estatutos, pone a programática, que choquen con ella, automáticamente quedan anuladas. Lo que implica que deben ser adecuadas a la nueva ley aprobada por el Congreso.

En realidad me ha causado cierta inquietud observar a connotados profesionales del derecho, alegar que para aplicar esta nueva ley deben primero modificarse los estatutos de los partidos. Eso es un infantilismo jurídico, ya que la ley está por encima de cualquier ordenanza, por lo que deberán adecuarse al marco general trazado por la ley.

En el caso del Partido de la Liberación Dominicana PLD, que es donde se ha generado mayor escarceo sobre está disposición, lo procedente será, que como establece la ley, el Comité Central, se reúna y establezca el tipo de modalidad que aplicará para los procesos internos. Si se decide por primarias abiertas, los estatutos deberán ser adecuados a éste nuevo marco legal. Tan simple como eso, lo demás es deseo de gastar energía sobre algo que está claro, hasta para cualquier estudiante inicial de derecho o de cualquier ciudadano con inquietudes que investigue sobre los efectos que tienen las leyes cuando son aprobadas en el Congreso.

Esperamos que está nueva ley realizará los aportes necesarios, para institucional la vida interna de los partidos, eliminando el trasfuguismo, sancionado a quienes violenten los procedimientos, fortaleciendo los derechos de sus miembros, pero al mismo tiempo definiendo sus deberes y responsabilidades partidarias. Instaurando el sistema democrático de elección, para evitar la perpetuidad en los órganos de dirección más allá de 4 años.

Son tantas cosas novedosas que nos trae ésta nueva ley, que podríamos decir que es el acontecimiento político de mayor trascendencia en toda nuestra vida política. Se acabó el desorden, todo tendrá sus plazos y en los partidos de nuevo volverá a imperar la regla que le permite su permanencia, sin fraccionamiento ni división: EL CENTRALISMO DEMOCRÁTICO; donde se reconoce la democracia, el derecho a la disidencia, pero que luego que algo es votado y aprobado por la mayoría, la minoría deberá aceptarlo y someterse a la disposición de la mayoría.

Esta ley definitivamente es un acontecimiento que le devolverá la disciplina e institucionalidad a los partidos políticos.

QUE VIVA LA LEY DE PARTIDOS, AGRUPACIONES Y MOVIMIENTOS POLÍTICOS.

Resolución no. 03-18 de la JCE, sobre la ley 33-18
24 de agosto del 2018

La Junta Central Electoral emitió la resolución No 03-2018, en la concede un plazo de (75) días a todos los partidos, agrupaciones y movimientos políticos, para que comuniquen formalmente a esa entidad que ejercerán el derecho a adoptar la modalidad de primarias y, además, el tipo de padrón a utilizar, ya sea cerrado, es decir, el que esté conformado por sus miembros, o el abierto de la JCE.

Dicha resolución aclara, de manera definitiva, todas las conjeturas y confusiones generadas a partir de la promulgación de la ley 33-18, estableciendo un criterio institucional, al que deberán someterse todos los protagonistas del ajedrez político en nuestro país. Al margen de que se esté o no de acuerdo con esta ley, todos los partidos tendrán un plazo fatal para adecuar sus estatutos y definir el tipo de primarias que realizarán.

La ley establece en el artículo 45, que "cada partido, agrupación y movimiento político tiene derecho a decidir la modalidad, método y tipo de registro de electores o padrón para la selección de candidatos y candidatas a cargo de elección popular".

En el artículo 46 de la citada ley se dispone que "los partidos políticos que decidan celebrar primarias deberán hacerlo de forma simultánea. La JCE es responsable de reglamentar, organizar, administrar, supervisar y arbitrar el proceso de primarias". Se añade en el 46 que "si los partidos deciden escoger sus candidatos por la modalidad de primarias, tendrán que hacerlo a más tardar el primer domingo del mes de octubre y para las demás modalidades lo harán el último domingo de ese mes".

En la resolución la JCE establece un calendario para todo el proceso, con plazos y fechas definidas. Señala el organismo que la reserva del 20% deberán hacerla los partidos a más tardar el 7 de junio del 2019, un mes antes de la precampaña, lo que deberá ser comunicado a la JCE quince días antes de la apertura oficial de la precampaña, que sería el 22 de junio del 2019. La precampaña inicia el 7 de julio del 2019.

Según la JCE, los partidos tendrán un plazo de 45 días antes de la precampaña para presentar su registro de precandidaturas, es decir, el 22 de agosto del 2019.

Las primarias se celebrarán el primer domingo de octubre, o sea, el 6 de octubre del 2019. Los resultados se darán en 5 días, el 11 de octubre, y los candidatos serán proclamados el 16 de octubre, cinco días después. Los partidos tendrán un plazo de 15 días para registrar las candidaturas en la JCE, que será el 25 de octubre del 2019. Además, se le dará un plazo de 72 horas a los partidos a partir de la resolución, si no han cumplido con las cuotas de las mujeres y la juventud.

Todo está resumido y definido. A los partidos le tocará cumplir con la resolución de la Junta de manera estricta, ya que, de lo contrario, se colocarían fuera de los plazos y, por lo tanto, de la ley. Hay tiempo suficiente para la adecuación partidaria a esta importante y novedosa Ley de Partidos, agrupaciones y movimientos políticos.

Los partidos minoritarios y la ley 33-18
5 de noviembre del 2018

Las implicaciones que encierra la ley 33-18, sobre la ley de partidos movimientos y agrupaciones políticas, son muchas para los partidos pequeños, que tradicionalmente han ido aliados a los partidos mayoritarios. Hasta el momento de aprobarse la ley, no había ningún control para las alianzas y las reservas de candidaturas, lo cual fue reducido a un 20% en la referida ley.

En las elecciones pasadas el Partido de la Liberación Dominicana, se reservó todas las senadurías y diputaciones, así como una gran cantidad de alcaldías y regidurías, lo que despojó a una gran cantidad de compañeros de candidaturas que tenían definidas a su favor. Lo mismo ocurrió, aunque en menor medida con el PRM, que cedió varias candidaturas ganables a sus aliados.

La recién aprobada ley de partidos consigna sólo un 20%, para reservas y alianzas, por lo que en el próximo proceso electoral, la situación será completamente diferente, haciendo que haya una variación de la estrategia de todo el conglomerado político nacional. Por ejemplo ya se habla de una tercera opción, dirigida por el BIS de Peña Guaba, que plantea la unificación de todos los partidos minoritarios, para llevar candidaturas comunes a nivel municipal y congresual.

La situación del bloque progresista en verdad se tornará un poco difícil, ya que tendrán que llevar candidaturas propias o simplemente apoyar los candidatos del PLD, porque un 20% a nivel nacional, para las reservas internas y las alianzas, no alcanzará para una gran distribución. Las posiciones uninominales, como las senadurías y alcaldías, con escasas excepciones, brillarán por su ausencia a la hora de las negociaciones, limitándose a una que otra posición entre el amplio abanico de aliados.

Donde el PLD podría ser más generoso es en las regidurías y diputaciones, pudiendo cumplir algunos compromisos con el 20% que le permite la ley, lo cual tampoco será tan significativo como en tiempos pasados. Además esas posiciones, regidurías y diputaciones, serán por el voto preferencial, lo que los llevará a competir con los candidatos del PLD en igualdad de condiciones.

Este panorama que se presentará en las elecciones del 2020, obligará a los aliados del Partido de la Liberación Dominicana, a tener que llevar candidaturas propias en muchos municipios y provincias, lo que en cierta medida podría afectar los candidatos peledeistas. Esta situación en su momento deberá manejarse con mucho tacto y delicadeza política, para evitar errores que provoquen la pérdida de muchas candidaturas de las uninominales.

Otra la realidad que se desarrollará como resultado de la nueva ley de partidos, es que prácticamente, todos las aspirantes tendrán que ir a convención, competir en un proceso interno con el padrón de la Junta, que en realidad serán unas elecciones anticipadas. Esto implica que se terminó la época de los señalamientos de dedos, la imposición de candidaturas, ya que quien gane en las bases compitiendo, no podrá ser excluido de la boleta, para favorecer a alguien que se ha mantenido al margen del proceso.

Los únicos que no participarán en los procesos internos, son los que sean favorecidos por el 20%, como parte de la cuota de la reserva o la alianza. Aunque si tendrán que participar con el voto preferencial, si aspiran a diputados o regidores.

Esta ley conllevará a un aumento significativo de los Alcaldes peledeistas y por lo tanto a una disminución de los Alcaldes de partidos aliados, lo que también ocurrirá con los regidores y diputados. Los partidos aliados han comprendido a tiempo esta realidad, por lo que observamos un aumento de su proselitismo, conformando desde ahora, candidaturas propias en los lugares que tienen incidencia.

Los peledeistas debemos defender los Ayuntamientos dirigidos tanto por Alcaldes del PLD, como de cualquiera de los partidos aliados. Aquellos que sean escogidos en la cuota del 20% por alianza, contarán con nuestro apoyo absoluto, ya que es nuestro deber honrar los pactos que al más alto nivel realicen las autoridades del Partido.

Primarias abiertas y la estrategia del PRM
22 de abril del 2018

El Partido de la Liberación Dominicana debe de manejar con mucha prudencia y madurez política el tema de las primarias abiertas o cerradas en la Cámara de Diputados, ya que todo indica que un sector del Partido Revolucionario Moderno- PRM-, y otras organizaciones de oposición, quieren obtener beneficios sectoriales de la discusión del mismo.

Como ha quedado demostrado, lo que hoy constituye la cúpula del PRM, en el 2015 entregó un documento al presidente Danilo Medina, en el que establecían su posición a favor de las primarias abiertas. ¿Cuáles razones llevaron a Luis Abinader y a su equipo político a cambiar de posición en este tema? Indudablemente que una estrategia dirigida a provocar confrontaciones internas en el PLD.

Quien no tenga la suficiente visión para comprender algo tan elemental, sencillamente está obnubilado por un sentimiento nacido del EGO, que impide hacer consciencia de algo tan elemental y que sobresale a la vista de todo el que tenga cierta experiencia política. Al PRM le da un bledo de cómo sean las primarias; simplemente está tratando de pescar en río revuelto.

Entiendo que es normal que en un partido democrático existan diferencias en relación a situaciones que se puedan presentar en una circunstancia determinada. Eso es la democracia y lo que fundamenta la vida institucional de las organizaciones políticas del sistema, pero cuando se permite que interfieran terceros, eso ya adquiere otra característica que puede generar heridas difíciles de cicatrizar.

Desde mi punto de vista y, partiendo de la historia del PLD, una organización cuyo eje de operación orgánica y política ha sido el centralismo democrático, entiendo que la única manera de salir airoso de este proceso es respetando este principio, el cual tiene como fundamento que después de tratado un tema, en el que cada quien expone sus puntos de vista, la decisión de la mayoría debe ser asumida como una posición institucional respetada por la minoría.

En el caso de las primarias no hay otra salida que no sea partir de ese postulado, defendido con firmeza, decoro y dignidad por nuestro fundador, Juan Bosch. Abandonar ese principio, pilar orgánico e ideológico que ha cohesionado al PLD desde su fundación, sencillamente sería colocarse de espaldas a los postulados de ese gigante de la política nacional y universal.

Estos son los momentos de pensar en grande, de elevarse por encima de los intereses particulares, de anteponer lo individual y sectorial a los intereses generales del país y de nuestro partido. Dejemos que los estamentos correspondientes sean quienes traten los argumentos esgrimidos en base a tecnicismos jurídicos y establezcan sus conclusiones. Nosotros, como entidad política, debemos de poner en su justo lugar la unidad como eje central de cualquier decisión.

En cualquier circunstancia no podemos permitir que la oposición y, sobre todo, el sector de Abinader dentro del PRM, imponga su agenda, que, sin estar sujeto a ningún análisis, deberá ser la de promover la confrontación, primero, y la división, después, del PLD. El Partido de la Liberación Dominicana debe jugar su propio juego, sin permitir que los adversarios intervengan con sus malsanos propósitos.

Que se discuta todo lo necesario acerca de la Ley de Partidos en la Cámara de Diputados, que se trate con profundidad el tema de las primarias, lo cual, entiendo, debe hacerse sin prejuicios y permitiendo que cada quien se exprese libremente. Ahora, el PLD como partido debe adoptar, como siempre lo ha hecho, una posición unitaria y partidaria, lo cual sólo es posible cuando se respeta la decisión tomada por la mayoría en el bloque que los representa.

Si en la votación final un sector del PLD coincide con los adversarios, estaríamos creando un funesto precedente, que podría sentar las bases para un debilitamiento institucional partidario, que en un futuro sus consecuencias serían impredecibles. Ojalá prime la prudencia y la visión de mantener al PLD en el poder por muchos años.

Compañeros diputados del Partido de la Liberación Dominicana y aliados, en ustedes está el tomar una decisión sabia, unitaria e institucional, como única garantía para el fortalecimiento y prolongación de nuestro glorioso partido en la dirección de los destinos de nuestro país, para seguir llevando el progreso, el desarrollo económico y el avance hacia la modernidad.

También, compañeros diputados del Partido de la Liberación Dominicana y aliados, está en sus manos tomar una decisión que debilite nuestra organización y, al mismo tiempo, sea aprovechada por la oposición política para continuar con su labor de alimentar posiciones cuyo único camino es el de la confrontación interna en el PLD, para obtener sus objetivos, cimentados en la teoría maquiavélica de: Divide y vencerás.

Primarias, Bases y Cúpula
10 de agosto del 2018

Estuve escuchando algunos de los discursos de los movimientos y agrupaciones políticas en la Cámara de Diputados mientras se conocía la Ley de Partidos, así como posteriores declaraciones dirigidas a establecer que las cúpulas de los partidos serían las que designarían los candidatos a cargos electivos. Incluso, otros han ido más lejos al decir que en cada provincia y municipio esas posiciones electivas la determinarán las altas instancias partidarias.

Por las personas que he oído con esos planteamientos en todos esos escenarios, entiendo que no se trata de una simple confusión sobre el tema, sino que eso obedece a un deliberado propósito de crear un mar de confusiones, que impongan la percepción en la sociedad del triunfo de las cúpulas partidarias sobre las sufridas y olvidadas bases.

Además de esa tergiversación deliberada, lo que más me llama la atención es de quienes surgen esas posiciones; de compañeros y figuras de la sociedad civil que nunca nadie les ha conocido la más mínima preocupación por el destino de las bases partidarias. Burócratas y manipuladores de los hechos que tratando de pescar en río revuelto, por lo que esos criterios no avanzarán, sino que morirán en la gatera.

Lo que se decidió simplemente fue que las direcciones de los partidos, como se llamen, serán las responsables de establecer el tipo de modalidad que esas organizaciones elegirán para su proceso interno. Algunas asumirán primarias abiertas, otras primarias cerradas y otras modalidades, al tiempo que las primarias serán simultáneas y organizadas por la Junta Central Electoral.

Hay que estar muy confundido, obnubilado o simplemente no tener objetivos claros para tergiversar la realidad y argumentar que esa decisión no es democrática y que atenta contra las bases de los partidos. Todo lo contrario, ese modelo permitirá una participación de todos los ciudadanos, aun no siendo miembros de una organización política, a ejercer su voto a favor de los candidatos que entiendan mejor representen el sentir de su comunidad.

Con las primarias abiertas y simultáneas se le asesta un golpe mortal al trasfuguismo, ya que el votante sólo podrá hacerlo por los candidatos del partido de su simpatía, quedando imposibilitado de sufragar por otra agrupación. Eso sí es democracia y transparencia, lo que viene a eliminar la costumbre de que una persona que estaba inscrita en los padrones de todos los partidos pudiera votar varias veces, influyendo de esta manera en decisiones de candidatos pertenecientes a entidades ajenas a sus simpatías.

Con la aprobación de la ley de Partidos, Movimientos y Agrupaciones Políticas triunfó el país, triunfó la democracia, triunfó la transparencia y triunfaron los ciudadanos de nuestra nación.

Quien quiera negar los vicios que tenían los padrones de todos los partidos y al mismo tiempo desconocer la incapacidad de éstos para organizar sus convenciones por falta de árbitros, sencillamente está adoptando una posición basada en el fanatismo y, hasta cierto punto, en la necedad política.

Por más confusión que se quiera expandir por los medios y las redes, la madurez política ya permite que la gran mayoría de los dominicanos esté en capacidad de distinguir y valorar estas tres palabras, su significado y su realidad: PRIMARIAS, BASES Y CÚPULA.

Cuidado con la xenofobia

Xenofobia y racismo: Odio y violencia (1 de 3)
10 de marzo del 2018

La matanza de miles de haitianos ordenada por Trujillo, en 1937, es recordada en el mundo como uno de los actos de xenofobia más abominables de todos los tiempos. El sátrapa utilizó en ese momento esa acción criminal con fines políticos y recurrió al miedo y al odio tratando de explotar el sentimiento histórico de rivalidad entre ambos países, como estandarte para justificar ese exterminio colectivo.

En los últimos tiempos en nuestro país han ocurrido una serie de acciones, que sí las viéramos aisladas, podríamos concluir que no obedecen a un plan, sino que son hijas de la casualidad y el devenir natural de la vida. Pero, al detenernos y analizar esos acontecimientos, sin mucho esfuerzo podemos llegar a conclusiones diferentes, que no hay nada de casualidad y que existen sectores motorizando la xenofobia y el racismo en República Dominicana.

Veamos sólo algunos de estos acontecimientos: Lo que ocurrió en Moca, donde un grupo de vándalos agredió, maltrató y destruyó los enseres de humildes haitianos, bajo un alegato de los cuales ellos no eran parte. En Navarrete, chocaron dos motocicletas, de los cuales una era conducida por un haitiano, lo que motivó que se organizara una banda, que en la noche quemó ocho casas de haitianos, que ni siquiera estaban enterados de ese accidente de tránsito. En Pedernales, una pareja de ilustres dominicanos es asesinada por delincuentes haitianos que huyeron a su territorio, de los cuales uno es apresado, y por cuyo hecho se le otorga un plazo de 24 horas para que todos los haitianos de la comarca abandonen el país. Algunos fueron heridos, casas incendiadas y cientos salieron despavoridos abandonando sus pocas pertenencias.

Podríamos citar decenas de casos como éstos, pero el más reciente recogido en un vídeo, es cuando un grupo de dominicanos intercepta a estudiantes universitarios haitianos, obligándolos a quemar su bandera y procediendo a agredirlos físicamente, amenazándolos con armas blancas, razón `por los que éstos salieron huyendo para poder salvar sus vidas. Si a esto le agregamos la permanente campaña por las redes sociales, con montajes y manipulación, incitando al odio y la violencia en contra de los vecinos de Haití, no podemos llegar a otra conclusión que no sea de que todo está dirigido con fines políticos.

En las redes hemos observado de todo, montajes que van desde colocar una bandera haitiana en las manos del presidente Danilo Medina, hasta trasladar actividades realizadas en África, para hacer creer que son en nuestro país. Lo mismo, actos impublicables ocurridos en Haití, para decir que están ocurren en República Dominicana. Es indudable que existe un equipo técnico detrás de todo eso, con recursos y una estructura pagada para dedicarse a tiempo completo a invadir las redes con ese mensaje de odio. Hasta el punto de que la señora dominicana que asesinó al niño en España, quisieron ponerla como que era de nacionalidad haitiana.

Esto no tiene otro calificativo que xenofobia, palabra que quiere decir miedo y odio a lo extranjero. Xénos : Extranjero, Fobia: Miedo. Es una fobia igual que cualquier otra, en este caso miedo, odio a lo extranjero, lo cual viene desde nuestros ancestros. Las guerras generalmente tenían su origen en la xenofobia, y desde Grecia comenzamos a escuchar ese término, con la Polis, donde ya se empezaba a establecer la superioridad sobre los demás.

Éste es un tema muy amplio, por lo que escribiremos una segunda parte, en la estableceremos la xenofobia más fuerte de la humanidad y al mismo tiempo, la diferencia entre xenofobia

y racismo, términos que se confunden, aunque tienen cierta diferencia.

Los amigos con tendencia a la xenofobia y, por ende, al odio y
la violencia, que esperen la segunda parte, para que preparen sus
respuestas. Lo que si digo desde ahora, que no le temo al chantaje
de que me califiquen de pro-haitiano. Simplemente soy por-ser
humano y no apoyo el odio en ninguna de sus manifestaciones.

Xenofobia y racismo: Odio y violencia (2 de 3)
20 de marzo del 2018

Como prometimos, aclararemos lo que es xenofobia y lo que es racismo, su relación y diferencia. Es natural que estos términos se usen muchas veces de manera inapropiada, aplicándose el criterio de racismo cuando en realidad es xenofobia y viceversa.

La xenofobia es un término más amplio que el de racismo, ya que se refiere al rechazo, odio y miedo a lo extranjero, a lo desconocido, mientras que el racismo es una manifestación de la xenofobia que tiene que ver con el color de la piel y la superioridad de una raza sobre otra.

La xenofobia no se basa en la raza, color de la piel, sino, especialmente, en la diferencia cultural, en el rechazo a una cultura diferente, en un temor que genera odio hacia lo extranjero. Por lo general la xenofobia se manifiesta de manera más clara en los emigrantes, lo que en principio puede comenzar en confrontaciones verbales, para luego pasar a la agresión, la violencia y hasta el asesinato individual y colectivo.

El ejemplo más estremecedor de xenofobia de toda la historia fue el de Hitler con los judíos, a quienes consideraba una raza culturalmente inferior, llegando esa violencia a producir más de 6 millones de muertes. Adolfo Hitler logró fanatizar al país más inteligente del mundo, Alemania, con un discurso de odio y violencia. En realidad, los alemanes en su gran mayoría apoyaron el genocidio de un loco fascista, sólo por creer que una raza con una cultura inferior, como la de los judíos, no podía mezclarse con su raza pura, su raza aria, culturalmente superior.

Hitler les vendió la idea y, se lo creyeron, de una supuesta invasión pacífica de los judíos, la cual iba a afectar su cultura y sus descendientes. Para unificar al pueblo alemán en base a una plataforma política, un maniático, narcisista y fascista como Adolfo Hitler, estimuló un sentimiento xenófobo, que al final le dio excelentes resultados.

En cambio, el racista parte de una superioridad de su raza basada en el color de la piel, inclinándose hacia la raza negra. El mejor ejemplo de racismo lo tenemos en el Ku Klux Klan, en Estados Unidos, donde miles de americanos de color, fueron asesinados, quemados vivos, sus mujeres violadas y sus hijos pulverizados por esa violencia de los blancos estadounidenses. Quien conoce un poco la historia de esa nación, está consciente de la lucha que libraron y todavía enarbolan en contra de la discriminación y el racismo.

En nuestro país muchas personas se confunden al ver negros enarbolando un anti-haitianismo fundamentalista. En realidad, no son racistas, sino xenófobos, ya que cuando se trata de otros extranjeros, entonces pasan a la adulación y la lisonja. Por eso el problema haitiano no es de racismo, simplemente es por xenofobia, es el resultado de una diferencia cultural, en la que históricamente han estado envueltos una serie de factores, que son un caldo de cultivo para motivar e incentivar esos sentimientos de odio.

Hasta el momento me he limitado a tratar el tema en términos generales, por lo que en una próxima entrega voy a entrar al aspecto migratorio. Las causas de la migración haitiana, sus consecuencias, la actitud de los responsables de trazar las políticas de ese tema. Además, la doble moral al tratar el tema haitiano, los mayores beneficiarios de la migración, la responsabilidad de las élites y cómo manipulan la opinión pública para crear una percepción que sólo existe en mentes malvadas y llenas de odio, para beneficiarse económicamente de infelices que buscan mejorar su calidad de vida.

Xenofobia y racismo: Odio y violencia (3 de 3)
1 abril del 2018

A pesar de que pensábamos extendernos a otras entregas sobre este controversial y polémico tema, decidimos no hacerlo.

Adoptamos esta medida para evitar confrontaciones con personas hacia las cuales nos une una gran amistad, cariño y aprecio. Por lo conflictivo del tema y la forma de cómo se está manejando, entendemos que puede generar fanatismo, lo cual, sin proponérselo, puede agrietar relaciones de amistad de muchos años.

Es preferible buscar el lado positivo de las cosas, tratando siempre de llevar un mensaje que aporte a la sanidad mental y que contribuya a crear paz, tranquilidad y serenidad espiritual. En realidad, la discusión sobre ese tema lo que provoca es todo lo contrario; enemistad, resentimientos y perturbación.

Al dejar definitivamente concluida mis intervenciones y participación sobre el tema haitiano, solo persigo dejar el siguiente mensaje para todos, tanto para los que los defienden, como para los que lo rechazan.

Como ser humano, quisiera que predominara el amor sobre el odio y la paz sobre la violencia.

Contenido